JN011848

森のような教師

日本とドイツの学窓から

Takanobu WATANABE
渡邊隆信

共和国

まえがき

「教育は人なり」と言われる。教育の成果を左右するカギは教師にあるという意味で、大学での教員養成や学校現場での教員研修でよく用いられる言葉だ。学校教育をめぐる課題がこれまで以上に複雑で多様化している現在、いかにして教師の力量を高めていくかは、今後の日本の学校ひいては社会にとって重要な問題である。

こうしたなかで広く普及しているのが「資質能力型教師論」である。現在多くの教育大学・学部や教育委員会では、「教員養成スタンダード」や「教員育成指標」といった名称で、学生や教師が身に付けるべき資質能力を規定している。教師に必要な資質能力は多岐にわたるが、それを学習指導、生徒指導、学級経営、保護者・地域との連携といった領域に整理して、教職キャリアに応じて細かく内容を設定している。一連の資質能力を目標にして、学生や教師自身が段階的に習得していくことが期待される。

このように資質能力型教師論は、教師という人間を、遂行すべき「機能」や「役割」から定義しようとする教師論といえる。

今後も教員養成と教員研修において、資質能力型教師論が一定の意義を持ち続けるだろう。しかし同時に私は、資質能力型教師論では十分に説明することのできない教職と教育の別の次元が存在すると考えている。

それが何なのか、ひとことで説明することは難しい。しいていえば、教師が担う「機能・役割」ではなく、教師という「存在」そのものの生き方・あり方に根差した教師論である。「教師として生きるとはどういうことか」という問いに答えうるような教師論といえるかもしれない。

そこには、資質能力型教師論からはこぼれ落ちてしまう教職と教育の不思議さや難しさ、やりがいといったものが含まれている。

例えば、初任期の教師は学校現場に身を置いて働くなかで、少しずつ教育のプロとして必要な力量を高めていく。その際、本人の努力と情熱が不可欠の条件であることはいうまでもないが、初任期にどんな学校に配属されるのか、そこでどんな子どもや保護者、同僚教師とめぐりあうのかも、教師の力量形成にとって重要な条件となる。不思議なご縁としかいえないような出会いが、教師人生の特に最初の時期には大きな意味をもつ。

また、教師の仕事は、子どもの将来のために種をまくようなもので、その種が芽吹き、成長し、花咲くまでの時間はまちまちだ。教育の効果が短期間で表れるものもあれば、卒業して何年もたってから表れるものもある。教師の何気なく発した言葉が、子どもの心に入り込み、うずもれ、何十年もして何かのきっかけで突然記憶の底からよみがえり、その後の人生の支えになったりすることがある。教師の意図せぬ言動が時を超えて思いがけない作用を及ぼしうるのも、教師の仕事の奥深いところだ。

さらにいえば、教師は学校のなかだけで生活しているわけではない。長い教師人生のあいだに学校での立ち位置や職務内容は変化するが、プライベートの生活も年とともに変化していく。結婚、子育て、親の介護などを経験することで、教育を見る視野が広がっていくことがある。また、余暇を使って自然やスポーツ、芸術・文化にふれる経験は、学校で子どもを前にしたときに人間的な魅力としてにじみ出るものだ。

本書は、「教師として生きるとはどういうことか」という問いに直接・間接につながるような諸テーマについて、エッセイ風に書き連ねたものである。それらの多くは、私自身がこれまでの人生で出会ってきた人や出来事、そして研究対象にしてきた日本とドイツの教育を題材にしている。

この教師という存在の生き方・あり方をめぐる問いを、主に次の四つの「窓」（視点）から考えてみることとした。

第一の窓は、教師がそのなかで活動している「学校」という組織・文化である。第二の窓は、教師を目指す学生時代に始まり、長い教職生活を経て退職していく「教師」それ自体のあり方である。第三の窓は、私がこれまで研究で関わってきたヨーロッパ、特に「ドイツ」の教育と文化である。そして第四の窓は、教師の働き方改革が叫ばれる今日、より重要になってくる「余暇」の過ごし方である。

本書ではこうした多様な窓を相互に織り交ぜながら文章を配列している。それゆえ、四つの窓が章構成と対応しているわけではない。読者の皆さまには、目次をご覧になり、どこから読んでいただいても結構である。

ただし先に述べたとおり、本書の内容の多くは私個人の経験に基づいている。したがって、ここで描きうるのは「教師として生きるとはどういうことか」という壮大な問いのごく一部でしかない。読者の皆さまには、教職と教育をめぐるご自身の経験を振り返りながら、自由にこの問いについて思いをめぐらせていただきたい。

本書を通して、「教育は人なり」という場合の「人」（教師）について、教師が担う「機能・役割」の次元だけでなく、その基盤となる「存在」の次元で考える意義を感じ取っていただければ幸いである。

森のような教師　日本とドイツの学窓から

もくじ

I

森のような教師

II ユーモアについて 055

III 危険な職業 095

IV

花の年には花の授業を

I

森のような教師

森のような教師

あなたはどのような教師でありたいですか。そう問われたら、教師をされている皆さんは何と答えるだろうか。

この問いに対して、「森のような教師」と答えた人がいた。名前は野村芳兵衛（のむらよしべえ）。大正新教育を代表する学校の一つ、「池袋児童の村小学校」（一九二四年設立）の教師である。

一九二〇年代には公立学校でも、子ども主体の新教育的な実践が広がりを見せており、子どもの調べ学習や話し合い活動を取り入れた授業が脚光を浴びていた。しかし、子どもうけする学習環境（教材教具など）をしつらえて、表面的な学習の活発さばかりを追い求める実践も少なくなかった。野村はそうした実践を、子どもの欲望をかき立て神経を疲れさせるデパートメント・ストアのようなものだと批判した。

環境多様、それは静かな森に、子供を置くことである。森はしんとしてゐる。そこには静けさの外には何もないように見える。然し、子供が一つの玩具を造りたいと思へば手頃な一枝を求めることが出来る。聞かうとすれば小鳥も鳴いてゐる。子供たちが、どんなに騒いでも、それは一そう森の静けさと、魂の存在とを思はせてくれこそすれ、森の中の子供は神経衰弱とはならない。願わくは私は教師として、デパートメントストアの経営者でありたくはない。出来ないまでも、森のような教師でありたい。

（『野村芳兵衛著作集２』）

デパートメント・ストアの経営者ではなく、森のような教師。私の好きな比喩の一つである。

［二〇一五年一月号］

ドイツからの手紙

先だって、ドイツの友人から手紙が届いた。元小学校の教師で、今はドイツ中部のブラウンシュヴァイクという街の大学で教員養成に携わっている。二〇〇七年に二カ月間、その大学に短期留学したとき以来のつきあいで、クリスマスなど年に何度か、手紙のやりとりをしている。

送られてくる手紙にはいつも、ドイツの新聞に掲載された日本関連の記事の切り抜きが添えられている。二〇一一年の三・一一以降、その切り抜きの大半が東日本大震災関連のものである。例えば、地元の小学生六人が学校での募金活動により約一七〇〇ユーロ（約二〇万円）を集め、その活動に共鳴した地元の銀行が彼らにその倍額を手渡したという話題。また、メルケル首相がドイツのエネルギー政策を転換し、国内の原発を二〇二二年までにすべて廃止することを決めたというニュース。ローカルな話題から国レベルのニュースまでさまざまだ。

このたび届いた手紙の末尾には、少し大きな文字で、「私たちは忘れていません」と書かれていた。それを読んで、あの時受けた強烈な衝撃を徐々に記憶の片隅に追いやってしまいそうな自分を恥じた。

時間の経過は恐ろしい。それは時に癒しになるが、関心の持続を妨げもする。日々の生活や教育の現場で何よりも大切で、また難しいのは、この「忘れない」ということかもしれない。

［二〇一二年七月号］

チャボ

以前住んでいた宿舎の隣に兵庫教育大学附属幼稚園があった。園庭には動物小屋があり、ある日見に行くと、ひとつがいのチャボが入っていた。「碁石チャボ」という品種で、白と黒のまだら模様。当時の園長に聞いたところ、親鳥が卵を抱き、ヒナがかえるところを園児に間近で見せたいと思ったそうだ。

十年ほど前に自宅を建てたとき、息子たちはまだ六歳と四歳だった。園長の言葉を思い出して、私も庭先に鶏小屋を作った。チャボは近所の知り合いからオス一羽、メス二羽をもらってきた。模様はばらばらの雑種で、チャボにしては少し体が大きかった。しばらくして初めてヒナが生まれた時、息子たちは少しこわごわとした表情で、ヒヨコを両手で包み上げた。その時の写真は、今も私の大事な一枚だ。

それから今日まで、断続的にチャボを飼い続けている。断続的というのは、一度野良犬が金網を破って侵入し、六羽いたチャボを全滅させたからだ。しばらくして気を取り直し、近所のお店で「桂チャボ」を購入した。だが老鶏だったので二年ほどで亡くなった。そして昨年、別のお店に若鶏のつがいを取り寄せてもらった。今度は「碁石チャボ」だ。

今春、そのメスが巣ごもりした。待つこと二十一日、三羽のヒナが生まれた。チャボは子育てが実にうまい。しかし、この調子で増えていったらどうしよう。どこかの幼稚園が引き取ってくれるだろうか。

［二〇一九年九月号］

生まれたてのヒナを手に

クララの成長

動物と子どもの関わりが描かれた児童文学作品は多い。『アルプスの少女ハイジ』もその一つである。スイスの作家、ヨハンナ・シュピリが一八八〇年から一八八一年にかけて執筆した。日本では若き日の宮崎駿(みやざきはやお)らによってアニメ化され、一九七四年に一年かけて放映された。

物語の後半、舞台はドイツの大都市フランクフルトから再びアルプスに移る。おじいさんの山小屋に戻ったハイジのもとに、クララが転地療養にやってきて、一緒に暮らしはじめる。しばらく経って、ヤギ飼いのペーターたちと山の牧場に行ったときのこと、ヤギたちはおいしい草を競い合って食べる。しかしユキという子ヤギは、他の大きなヤギに気後れして、好きな草を口にできない。このとき、ユキに自分の手で草を食べさせるなかで、クララに突然新しい感情がわく。

富豪の一人娘クララは幼時より車いす生活をおくっていた。周りの人からは援助してもらうばかり。わがままで自己中心的な面もあった。そのクララが、誰かのために役立ちたいと考えはじめるのだ。被援助者から援助者へのこの劇的な転換は、アルプスでのクララの精神的成長を象徴している。それはある意味で、「クララが立った」という身体的成長よりも、重要なものかもしれない。

今日、学校でも家庭でも、動物を飼育することは容易ではない。だが、人間との関わりでは得られない学びや経験を、動物がもたらしてくれることも確かである。

［二〇一六年七月号］

五月の花見

毎年、ゴールデンウィークが明けた頃、ぶらりとひとりで姫路に花見に出かける。花見といってもお城の桜はもう終わっている。向かうのは隣の姫路市立美術館である。

同館には、美術に造詣の深い医師の國富奎三（くにとみけいぞう）が収集した近代フランス絵画が約三十点、常設展示されている。私のお目当てはそのなかの一つ、「花咲くプラムの木」という画題の絵である。

画家の名前はカミーユ・ピサロ（一八三〇～一九〇三年）。カリブ海のセント・トーマス島に生まれ、画家を志してパリに出た。印象派グループの精神的支柱のような存在となり、若い画家たちにも慕われた。晩年はパリ郊外の農村に暮らし、四季の田園風景や庶民の日常を詩情豊かに描いた。この絵はその頃に制作された油彩画である。

カンヴァスには、畑に咲くプラムの木々が、点描様式の細かい筆致で描かれている。木々の下の野菜畑では、二人の女性がおしゃべりをしている。背後には石造りの家々。季節はちょうど四月か五月頃だと思う。遅い春を待ちわびたかのように、陽光のなか、白い花が咲きほこっている。といっても豪華絢爛というのではない。むしろ、つつましく静かに花を付けているといった感じである。耳を澄ませば小鳥のさえずりが聞こえてきそうだ。

学校を含め、社会のどちらを向いても人とのコミュニケーションが求められる時代、こうしたひとりの時間は存外貴重である。

［二〇一五年五月号］

あこがれの教師

勤務校で「教職原論」という一年生対象の講義を担当している。その初回の授業で学生たちに、これまでに出会ったなかで自分が特に見習いたいと思う教師はどんな人か、書いてもらった。

もっとも多かったのは、「子どもの話を聴こうと努力し、何気ない変化に気づいてくれた先生」、「子どもたちを分け隔てなく平等に見てくれた先生」、そして「誉めるときは誉め、叱るときは叱る、メリハリのある指導をしてくれた先生」の三つである。いずれも当たり前のことのように思われるが、彼らの記憶に残っているということは、それらが教師にとって決して簡単ではないということなのかもしれない。

努力する姿を見せてくれた教師を見習いたいという意見も多かった。例えば、「生徒に向かって頑張れだの進めだの言っている教師が現状に甘んじているのは気にくわない」という理由で、博士号の取得を目指している高校の教師。「五十路にさしかかっているおじさんとは思えないきらきらした目で目標を語る姿に感銘をうけた」そうだ。

見習いたいと思える教師に数多くめぐりあえた人は幸せである。学生時代は教育実習先や文献のなかでもいい。教職についてからは、勤務校内外で多くの先輩方と交流するなかで、あこがれとする教師を見つけ、それぞれのよさを自分の目標にしてもらいたい。「あこがれの教師」は多いほうがいい。

［二〇一三年七月号］

スイスの小さな学校

中央スイス、氷河の山々を仰ぎ見るハスリベルクの谷間に、小さな学校がある。名前は「エコール・デュマニテ」、日本語で「人間性の学校」。ドイツの有名な自由学校、オーデンヴァルト校（一九一〇年設立）の校長パウル・ゲヘープが、ナチスの時代にスイスに亡命して設立した寄宿制中等学校である。

先日、筆者は同校を十年ぶりに訪問した。四日間の滞在の大半を資料室で過ごしたが、合間に教職員会議に参加したり、生徒たちと一緒に食事やおしゃべりをした。

エコール・デュマニテとアルプスの峰々

この学校には三人の校長がいて、そのうちの一人、ハヌザ先生にも話をうかがうことができた。先生によれば、現在の生徒数は約一三〇人、教職員は全体で約五〇人。ドイツ語と英語のコースがあり、世界二十五カ国から生徒や教師が来ているそうだ。一日に三つの教科を三カ月間学び続けたり、生徒と教師が「ファミリー」を形成して生活することは、設立当初からの特色である。そうした独自の教育が制限されないように、国や州からの補助金は一切受けていない。先生に校長としての抱負を尋ねると、百年有余の伝統を維持することがもっとも大事、という答えが返ってきた。

日本人生徒も二人いた。どちらも入学当初は言葉の問題に加え、友だちの多様な考え方や振舞いに戸惑った。今では違いを認め合い、折り合いをつけるすべがだいぶ身に付いたそうだ。そんな二人の目下の願いは、早く冬が来て雪が降り積もること。リフトのフリーパスを買って、思う存分スキーを楽しむのだそうだ。

［二〇一二年十一月号］

姫路師範学校と野口援太郎

「日本のペスタロッチー」と呼ばれた野口援太郎（一八六八～一九四一年）は、「教育の世紀社」の共同設立者、「池袋児童の村小学校」の創設者、「新教育協会」の初代会長として、二十世紀前半の日本の教育に大きな影響を与えた。

その野口が三十～四十代を兵庫県で過ごしたことは、意外に知られていない。福岡県生まれの野口は、福岡県尋常師範学校と東京高等師範学校に学び、卒業後は両母校で教諭及び寮生指導係として働いた。一九〇一年に兵庫県の第二師範学校として姫路師範学校が新設されたとき、初代校長として赴任し、一九一九年に帝国教育会の理事として転出するまでの十九年間、小学校教員の養成に心血を注いだ。

野口は軍隊式、兵営式が主流であった当時の師範学校のあり方に不満を抱き、学生の「自由自治」を大幅に取り入れた学校運営を展開した。それは英国流のジェントルマン教育を手本にしたといわれる。野口の師範学校改革は注目を浴び、全国から多くの見学者が訪れた。そして小倉師範学校など他の師範学校のモデルとなった。

姫路師範学校の跡地には現在、県立姫路工業高等学校が立つ。姫路城のすぐ裏手なので、お城見学の際に足を延ばしてみるのもいい。「野口援太郎先生之碑」と「兵庫県姫路師範学校跡」の碑が静かに出迎えてくれる。

［二〇一三年三月号］

トライやる・ウィークに寄せて

今はもうないが、かつて母が加西(かさい)市内で小さな喫茶店を営んでいた。開業は一九七〇（昭和四十五）年。まだ今のように娯楽施設のない時代で、ちょっとした贅沢を楽しみに、店には老若男女いろんな客がやってきた。特産のブドウ栽培農家、石切場で働く職人、近所のサファリパークの飼育員、そして小学校教師をしていた父の仕事仲間など。私はそんな人たちの話を聞くのが好きで、よく店に出入りしていた。

多くの客のなかで特に印象に残っているのは、私が中学生の頃によく来てくれたおばさんである。彼女はいつも麦わら帽をかぶって自転車でやってきた。ある日、世話になっている方にお礼をしたいので、タバコを贈答用に包装してほしいと言われた。のし紙に書く自分の名前を下書きしてもらうと、「難しい字なんよ」と言いながら、真っ黒に日焼けした手で、見たことのない書き順で字を書かれた。私が生まれて初めて出会った読み書きの不慣れな人だった。

あとで母から聞いた話によると、そのおばさんは養女として入った家庭が貧しく、学校にちゃんと通えなかった。大人になってからは、廃品回収業等をしながら女手一つで一人娘を育て上げ、短大に通わせているとのことだった。

世の中には実に多様な職業があり、それぞれの人が常に平坦とは限らない自らの人生を背負いながら、ひたむきに今の仕事に向き合っている。そんなことを青少年期に感じることができたのは、何ものにも代え難い貴重な体験だったと思う。

［二〇一四年五月号］

オホーツクの海は白く

二十歳の夏、大学サークルの後輩と二人で北海道一周のバイクツーリングに出かけた。旅の途中、北見の小学校に勤めている一人の先生を訪ねた。後輩の小学校時代の恩師が、北海道に行くならぜひ立ち寄るようにと言って、自分の昔の教え子の名前と住所を教えてくれたのだ。

その先生の自宅に泊めてもらい、いろいろと話をうかがった。先生は岡山の大学を出た後、北海道の教員採用試験を受けて教師になった。道東の学校に勤めるあいだに地元の女性と知り合い結婚。私たちが訪ねたときは三人の子どもとともに、学校に隣接する職員住宅で暮らしていた。

岡山出身なのになぜ北海道の教師になったのか。返事は、「へき地教育を本気でやりたかったから」。この簡潔で迷いのない回答は、大学卒業後は郷里の兵庫に戻って教師になることしか考えていなかった私にとって衝撃だった。

次の日は、稚内に向かうルート上にあった先生の奥さまの実家に泊めてもらった。その家は水産加工業を営んでいて、翌朝出がけに毛ガニを一杯ずつ持たせてくれた。バイクをオホーツクの海岸に停めて、カニにかぶりついた。潮のせいか、海は乳白色に輝いていた。

人には誰しも、その時にはわからなくても後になって人生の分岐点だったと思えるような瞬間がある。私にとってそれは、北海道でのこの出会いだったかもしれない。

［二〇一五年七月号］

1987年夏、オホーツク海を背に走る

教育において「待つ」ということ

ここ数年、大学でも授業の延長が難しくなった。学生も教師も忙しく、ほとんどの場合、どちらにも次の予定が入っているからだ。だが時間内に一定の内容を理解させたいので、学生が沈黙して考え込んだりすると、すぐに助け船を出してしまう。教師の側に待つだけのゆとりがないのだ。

臨床哲学の提唱者である鷲田清一(わしだきよかず)によれば、「待つ」には二つの種類がある。一つは〝期待〟としての「待つ」。それは、いまの時点から、待った後の事態をあらかじめ思い描き、それが首尾よく実現するのを待つような「待つ」である。もう一つは〝待機〟としての「待つ」。こちらは、希望している事柄の生起が確実ではないなかで、期待することを放棄したうえで、それでもなお、ひたすらに「待つ」という態勢である（『「待つ」ということ』）。

幼稚園から大学に至るまで、被教育者への意図的で計画的な働きかけを旨とする学校教育において、基本となるのは、期待としての「待つ」である。期待なくして学校教育は成り立たない。ただ、期待ばかりが強すぎると、その教育は前のめりで懐の狭いものになってしまう。いい意味で教師の意図を超えるような結果が生じるためには、教師による待機が不可欠である。

期待としての「待つ」と、待機としての「待つ」。この両方をうまく使いこなさないといけないが、授業が始まるとついつい期待が先行し、待機がおろそかになる。逆に、待機を貫いたけれども待ちぼうけ、ということもある。「待つ」ことは本当に難しい。

［二〇一四年九月号］

大谷武一とラジオ体操

私の母校、加西市立賀茂小学校には、堂々とした字体で「御大典記念」と書かれた石碑が立っている。「大谷武一謹書」とある。大谷が同校卒業の大先輩であることは、親や先生方から何度も聞いて育った。

大谷武一（一八八七～一九六六年）は、昭和を代表する体育界の重鎮の一人。日本にハンドボールやソフトボールを紹介した人物であるが、ラジオ体操の考案者としても有名である。

ラジオ体操の第一回放送は、一九二八（昭和三）年十一月一日、今から八十五年前にさかのぼる。御大典、つまり昭和天皇の即位を祝う事業として、当時運輸郵政事業を管轄していた逓信省の簡易保険局が、日本放送協会、文部省と協力してラジオ体操（正式名称は「国民保健体操」）を開発することになった。その時に中心メンバーとして抜擢されたのが、当時東京高等師範学校教授で文部省所轄体育研究所技師をしていた大谷であった。

先日、母校を訪れた際に、改めてその石碑を見た。碑の背面に彫られた「記念事業ノ記」（昭和四年）によれば、同校では御大典の事業として、運動場が拡張されるとともに、記念校舎が建設された。そのための資金の多くは、卒業生や地域の人々の寄付によってまかなわれたそうだ。

今年も運動会の季節を迎え、同校でも練習が始まった。プログラムは毎年少しずつ変わるが、演目の第一番がラジオ体操である点は今年も変わらない。

［二〇一三年九月号］

運動会の季節に

運動会の始まりは、海軍兵学寮が一八七四（明治七）年にイギリス海軍士官の指導で導入した「競闘遊戯」であるとされる。その後、札幌農学校の「力芸会」（一八七八年）、東京大学の「運動会」（一八八五年）など、エリート学校でのスポーツのレクリエーションの場として広まった。そして、一八八〇年代後半以降、集団行動訓練としての兵式体操奨励と、日清戦争での戦意高揚策とによって、急速に小学校へ普及していった（佐藤秀夫『学校ことはじめ事典』）。

今日、運動会では、集団での競技・演技を通じて児童・生徒の心身の健全な育成を図ることが目指されている。だが、運動会の意義を考えるならば、それが元来持っていた遊戯的、レクリエーション的な側面も忘れてはならないだろう。運動会は「体育祭」とも呼ばれるが、「祭」とは日常の秩序を一時的に停止・転倒させることで、日々の生活にリズムと活気を与えるものである。最近は少なくなったが、仮装行列や借り物競争では、教師と児童・生徒、男性と女性、上級生と下級生といった役割が逆転し、普段の学校生活では得ることのできない解放と歓喜を体験できる。

運動会は、児童・生徒が日頃の練習の成果を披露するばかりでなく、参加者全員（児童・生徒、教師、保護者など）が一緒になって非日常的な空間を生み出す貴重な機会でもある。

［二〇一二年九月号］

なゆた

一、十、百、千、万、億、兆、京、そのずっとずっと先に「那由他（なゆた）」という数の単位がある。もとは「極めて大きな数」を意味する古代インドのサンスクリット語で、十の六十乗を指す。

この「なゆた」という名前をもつ望遠鏡が、兵庫県南西部に位置する佐用（さよう）町の西はりま天文台（兵庫県立大学）にある。望遠鏡の直径は二メートル。国内で一番大きく、一般利用できる公開望遠鏡としては世界最大だそうだ。

九月下旬、教員志望の学部生二十二人を引率して、この天文台での合宿（一泊二日）に参加してきた。

午後二時過ぎに到着して、まずは天文台の研究員による講義を一時間。無理を言って、小学生に天体を教える際のアドバイスもいただいた。夕食は併設のロッジでカレーと飯ごう炊さん。そしていよいよ夜七時半から九時まで、なゆた望遠鏡を使っての観望会。この日は土曜日でしかも快晴に恵まれたため、日帰り客も多く、約百人の大盛会となった。簡単なガイダンスのあと、望遠鏡を囲んでぐるぐると回りながら、一人ずつレンズをのぞく。なじみ深いベガ（織姫星）やアルビレオ（白鳥座の頭部）、さらにはM11やM13という迫力ある星団も見せてもらった。

観望会のあとは思い思いに天体の自由観察。学生のなかには明け方まで星を見る者もいた。私は何年かぶりに大地に寝そべり、満天の星に吸い込まれるような感覚に浸った。これほど手軽に本格的な天体観察のできる施設は全国でも数少ない。次はぜひ、空気の澄みきった真冬に訪ねたい。熱いコーヒーをポットに入れて。

［二〇一四年十一月号］

参加費

「シュタイナー学校」をご存じだろうか。一九一九年にドイツのルドルフ・シュタイナーによって創設された私立学校で、正式には「自由ヴァルドルフ学校」という。日本には一九七〇年代に子安美知子の著書『ミュンヘンの小学生』(中央公論社)によって紹介され、広く知られるようになった。

近畿でもっとも本格的にシュタイナー教育をおこなっているのは、「京田辺シュタイナー学校」だろう。NPO法人立で、二〇〇一年に創設された。さまざまな理由で地元の公立学校に行かない、もしくは行けない児童・生徒が二五〇人あまり通っている。同校では「自由への教育」をモットーに、自分らしく、生き生きと世界に関わっていける人間を形成するための教育が展開されている。

学費の考え方も独特である。同校では学費を「参加費」と呼んでいる。自分の子どもが受けるサービスの対価ではなく、天から与えられた子どもの成長に関わる創造的な活動に、保護者も一緒に参加するという意味が込められている。教師の仕事の単なるお手伝いではなく、教育という活動に教師とともに参加する。具体的には、学校を運営するためのさまざまな仕事を、教師と運営スタッフ、保護者が分担するのである。

今日、公立学校でも、学校と家庭の連携がますます重要な課題になっている。学校を単なるサービス機関のように考える人がいる時代、同校の実践は〝連携〟の意味を根本から考える素材になるのではないか。

［二〇一五年十一月号］

アンネのバラ

阪急電鉄の甲陽園駅（西宮市）から少し坂道を上ったところに「アンネのバラの教会」という名前の清楚な教会がある。庭にはアンネの銅像を取り囲むようにして、たくさんのバラが植えられている。

バラの正式名称は「アンネ・フランクの形見（Souvenir d'Anne Frank）」。ベルギーのある園芸家がアンネを偲んで一九五五年に作出した香り高い四季咲きのバラで、やさしい黄色の花びらが日ごとに美しく赤みがかっていく。花の見頃は五月と十月。先代の牧師と交流のあったアンネの父オットー・フランクから、一九七二年に寄贈されたものだそうだ。

『アンネの日記』を読み返してみると、日記のなかで二度、バラが登場する。一度目はアンネ一家が「隠れ家」に移り住む直前のアンネの誕生日（一九四二年六月十二日）。両親からのお祝いの一つにバラの花束があった。二度目は「隠れ家」での生活も終盤の一九四四年五月十三日。前日の父の誕生日に今度はアンネが芳香のバラを贈っている。八月上旬には「隠れ家」が見つかり強制収容所に送られるので、これが十五年という短い生涯で彼女が手にした最後のバラだったかもしれない。

現在、アンネのバラは同教会と広島県福山市のホロコースト記念館で見ることができる。両施設での平和学習等を通じて、全国の多くの学校でも株分けされたバラが大事に育てられている。いまだ民族や国家間の争いが絶えない今日、バラを前にしてアンネと語り合うべきことは多い。

［二〇一四年七月号］

神戸開港と子どもたち

一八六八年一月、神戸が開港した。それにともない外国人居留地が現在の神戸市役所の西側一帯に設けられた。家族を本国に残して単身赴任する者もいたが、家族連れも多かった。教育に関わる身として気になるのは、一緒にやってきた子どもたちや神戸で生まれた子どもたちが、どんな教育を受けていたのかということだ。

国ごとにコミュニティが存在し、それが母体となって独自に学校を建設するケースが多かったようだ。ドイツ人の場合、一九〇九年九月に北野の山本通に「神戸ドイツ学院」を設立している。横浜に次いで日本で二番目のドイツ人学校である。初年度の児童は十六人。運営にあたってはドイツ本国の資金援助を受けた。

同校は第一次大戦では「敵国」の学校として、第二次大戦では「同盟国」の学校として存続した。創立百周年にあたる二〇〇九年に六甲アイランド内へ移転し現在に至る。先日見学させてもらったところ、小学校に幼稚園も併設し、子どもの人数は全体で約八十人。国籍は十七カ国に及ぶ。興味深いのは、そのうち日本国籍の子どもが約四割を占めていることだ。基本言語は英語とドイツ語。校長の名刺には「心と頭と手を使って学ぶ学校」とあった。

ドイツ人子弟のための学校からインターナショナルスクールへ。小さな学校だが、ここにも神戸開港百五十年の歴史が映し出されている。

［二〇一七年十一月号］

II

ユーモアについて

ユーモアについて

大学院生の頃、ドイツ語会話を勉強するために、ドイツでの語学研修に参加したことがある。

ゲーテ・インスティトゥートというドイツ語学校には、ヨーロッパ、アジア、中東など世界各地から生徒が来ていた。本人の個性もあるが、発表の積極性や時間の観念、さらには教室の室温の感じ方なども人によってまちまちで、文化と国民性の違いを幾度も感じた。

ある日の授業で、ちょっとしたドイツ語のゲームをすることになった。人の性格を表す形容詞で、自分が特に大事だと思うものを出し合うという

ゲーテ・インスティトゥートのクラスメイトと（右から2番目が筆者）

ゲームである。クラスのみんなが順番に、「正直」「明るい」「責任感がある」「親切」などの形容詞を挙げていった。私は生真面目にも「勤勉」が大事ではないかと答えたが、続くヨーロッパの数人が「ユーモア」を挙げたことは、とても新鮮だった。

フリードリッヒ・ボルノウというドイツの著名な教育学者は、著書『教育を支えるもの』のなかで、円熟した教育者の基本的態度の一つとして、ユーモアについて語っている。教育的なユーモアとは、「子どもの小さな悩みごとを、ある一定の高みから余裕をもって眺め、それを軽く受け流す能力」だと述べ、その重要性を指摘している。

そういえば、文部科学省の答申類では、教師に求められる人格特性として、使命感、責任感、教育的愛情等は出てくるが、ユーモアという言葉は見たことがない。これも国民性の表れだろうか。

［二〇一三年十一月号］

通勤のこと

兵庫教育大学から神戸大学に異動して一年半が経とうとしている。仕事の種類は大差ないが、生活のリズムはずいぶん変わった。夜間の授業がなくなったことがひとつ。それと何より、通勤時間が二倍になったことが大きい。加西の自宅から、車・JR・バスを乗り継いで片道約一時間半。往復だと三時間。年間にすると結構な時間だ。

この通勤時間をどう有効に使うか。最初の頃は張りきって毎日読書をしていた。ところがある朝、満員電車の通路で、徳は教えられるかを主題にした、内容も造りもヘビーな哲学書を読んでいて、手から落としてしまった。本は座っている男性の膝を直撃。以来、車内では何もせず、ぼんやりと過ごすことが多くなった。

列車に揺られながら、季節ごとに彩りを変える六甲の山並みや、明石海峡を行き交う船などを、ただただゆったりと眺める。目は閉じたり開いたり。気がつくと、うとうとしていることも多い。

ぼんやりというと、なんだか時間を無駄にしているようだが、必ずしもそうではない。『山のパンセ』（山と溪谷社）で知られる哲学者で詩人の串田孫一（くしだまごいち）は、「無為の貴さ」というエッセーのなかで、人生における、とりわけ子どもにとってのぼんやりの意義を説いている。ぼんやりのなかで大切な何かが貯えられているのだという（『智の鳥の囀り』）。

大切なものが何かは人それぞれだろうが、近頃自分なりに、ぼんやりの貴さがわかってきた気がする。

［二〇一五年九月号］

もう一つの卒業

小学校教師をしていた父が定年を迎えたのは、かれこれ二十年近く前のことである。退職間近の三月末に、校長室の片付けを手伝いに行った。四十年近く勤め上げることのできた安堵感なのか、学校現場を去る寂しさなのか、父は口数少なく荷物を整理していたのを覚えている。

今年もまた、子どもたちの卒業とあわせて多くの教師が学校を後にする。退職する先生方は今、長かった教師生活を振り返っていることだろう。子どもたちと無我夢中で学び遊んだ新任の時代。後輩ができ学校の大事な仕事を任された中堅の時代。そして、学年や学校の運営をリードしていったベテランの時代。その時々の子どもや同僚との関わりが次々と思い起こされるに違いない。

その間、結婚や子育て、家族の介護などで忙しい時期もあったと思う。仕事を優先して私生活を後回しにしたことも、数え切れないだろう。今日の教育があるのも、そうした先生方一人一人の献身的な努力のおかげである。

退職後はあれもしたい、これもしたいと、さまざまな希望や計画をお持ちだろう。くれぐれも健康に留意のうえ、今後も教育の現場に関心を寄せ、それぞれの立場でご協力いただきたい。

父は退職後、公民館の仕事に就いた。そのかたわら、毎週土曜日の朝、村の集会所に子どもたちを集め、勉強を教え始めた。もちろんボランティアだが、保護者が時々自宅でとれた野菜などを持ってきた。母は良寛さん（江戸時代後期の禅僧）のようだと言って笑っていた。

［二〇一五年三月号］

通学路

今回は二〇一二年にフランスで製作された映画のお話。邦題は『世界の果ての通学路』（パスカル・プリッソン監督）。辺境の地に暮らす四人の子どもたちの通学風景を描いたドキュメンタリー映画である。

主人公の一人はケニアのジャクソン君、十一歳。毎朝、妹のサロメを連れて、片道十五キロの道のりを通う。小走りで約二時間。手には水を入れたポリタンクと、野生動物から身を守るための木の棒。ケニアでは毎年、四〜五人の子どもがゾウに襲われて命を落とすという。そのため彼は毎日、高台からサバンナを見渡し、ゾウの群れがどこにいるかを確認する。そしてゾウの群れを避けてその日のルートを決める。命をかけてまで学校に通うのは、将来飛行機のパイロットになるという夢をかなえるためである。学校を目指す彼の目はキラキラと輝いている。

DVDのパッケージには絵本作家・五味太郎の言葉が添えられている。『通学』に意味がある。時間がかかるところに意義がある。簡単じゃダメだね。僕は八百メートルに一時間かけていた。だから立派な人間になった。通う先の学校にはたいした価値はないものなのさ。あとでわかることだけど」

学校に価値がないとは私は言わない。しかし子どもたちがどれだけ学校での時間に胸を膨らませて登校するかは、とても大事な問題だと思う。少し大げさだが、学校の価値は通学への思いで決まるといえるかもしれない。

［二〇一六年十一月号］

夢の小舟

ドイツ北部、ブレーメンの近くにヴォルプスヴェーデという芸術家村がある。以前から気になっていた場所で、七月に運よく訪問の機会を得た。十九〜二十世紀の転換期、ヴォルプスヴェーデには数多くの芸術家が集まった。中心にいたのは、ハインリッヒ・フォーゲラーという画家だった。一八九〇年代半ばにこの地に移り住み、バルケンホフ（白樺の家）というアトリエ兼住居を構えた。彼の繊細で甘美なユーゲント様式（雑誌『ユーゲント（青年）』を中心にドイツ語圏で広がった芸術様式）の作品の多くは、ここで制作された。

興味深いことに、彼はその建物を使って第一次世界大戦後に「バルケンホフ作業学校」という学校を設立している。学校の理念は「階級のない人間的な社会の構成細胞としての作業学校」。新しい社会を作るには新しい人間が必要である。その新しい人間を育てるためには新しい学校が不可欠である。そう信じて学校を開いたのだ。

児童の数は約十人。みなバルケンホフに暮らす芸術家や労働者たちの子どもで、共同生活を営みながら作業と芸術を中心とした教育をおこなった。資格をもつ教師も一人雇用した。しかし学校の基盤はあまりに脆弱だった。同校は政府に認可されないまま、一九二三年にわずか二年で終焉を迎えた。フォーゲラーはその後ソビエト（現ロシア）に移住し、その地で没した。

バルケンホフは今、フォーゲラー美術館となっている。美しく手入れされた前庭に立ち、船の帆のような白いファサードをもつ家屋を仰ぐ。はかないけれど純粋な夢を乗せた小舟に見えた。

［二〇一六年九月号］

フォーゲラー美術館

かれらとともに

大学時代に教育実習でお世話になった附属小学校の正門脇に、古い石碑が立っていた。碑面には「かれらとともに泣いて、かれらとともに笑った」と刻まれていた。当時はそれが、「教聖」とも称されたスイスの教育家、ハインリッヒ・ペスタロッチーの著書『シュタンツだより』の一節だとは知らなかった。

ペスタロッチーがスイスのシュタンツで孤児院長として働いたのは、一七九九年のことである。スイス革命後の内戦で行き場を失った孤児たちを世話するための急ごしらえの施設だった。部屋は女子修道院を間借りし

岡山大学教育学部附属小学校にたたずむ石碑

た。子どもは徐々に増えて八十人に達した。一方で、世話をする大人は彼と家政婦の二人。すべてが不足する限界状況で、のちに「生活が陶冶（とうや）する」という思想に結晶化していくような実践をおこなった。

意外かもしれないが、孤児院長を引き受けるまでの彼の人生は挫折の連続だった。牧師や弁護士を目指すがかなわず、農場経営にも失敗。学校も一つつぶしている。それでも「貧民救済」という目標は、ゆるがなかった。十八年に及ぶ作家生活を経てシュタンツに入ったとき、すでに五十二歳に達していた。本格的に教育実践に携わるのは、その後亡くなるまでの約三十年間である。

日本全国で今春、多くの教師が誕生した。なかには他職を経験した中途採用者も少なくないだろう。教育技術を高めることは無論大事だが、念願の教師になった先生方には、子どもらとともに泣き、笑うような経験を存分にしてもらいたい。もちろん新卒の先生方にも。

［二〇一六年五月号］

恩師のこと

同じ本を、間をおいて二度、三度読み直していると、以前は気にもとめずに読み飛ばしていた文章が、深く胸に突き刺さってくることがある。最近、『贈与と交換の教育学』（矢野智司）を読み返していて、そんな経験をした。「先生の死というテーマは、教える——学ぶ関係の総決算として現れる」ページを繰る手がとまった。

大学のゼミでお世話になった恩師が亡くなったのは半年前のことである。昨年、短期間入院されたが、退院後は学会にも来られていた。私の初めての単著を春に謹呈したときには、すぐさま丁寧な文字で礼状をいただいた。

完全に快復されたとばかり思っていたが、二カ月後、ご子息から訃報の電話をもらった。

先生はペスタロッチー研究の大家だった。学風は篤実そのもの。派手さはないが、正統派の手堅い思想研究をされた。「少々頭が良いだけではいい研究は残せない。愚直の一念で継続することが大事だ」とよく言われていた。研究指導は厳しくも温かかった。大学院時代はお忙しいなか毎週時間をつくって、ドイツ語文献講読の個人指導をしてくださった。

先生のご逝去に直面して痛切に思うのは、これまでに頂戴してきた学恩の大きさと、それに十分応えることができなかった自分の不甲斐なさである。いただいた学恩にどう報いていくか、これからの人生において考え続けることになるだろう。

その意味では、先生の死は教える―学ぶ関係の総決算であると同時に出発点でもある。

［二〇一七年一月号］

百名山

養父市の西の端、鳥取県との県境に、兵庫県の最高峰、氷ノ山（一五一〇メートル）はある。夏目漱石の『草枕』ではないが、先日その山道を登りながら、こう考えた。

登山ブームが続くなか、多くの登山愛好家を引きつけるのが「百名山」。作家の深田久弥が『日本百名山』という著書で独自に選んだ。一九六四年のことである。選定基準は、「品格」「歴史」「個性」を兼ね備え、「大よそ千五百米以上」だった。確かに魅力的な山ばかりで、一般に百名山といえば深田の選んだ百名山を指す。

しかし深田がこの本を出す前に、別の百名山リストが存在した。一九五三年、『岳人(がくじん)』(一九四七年創刊)という山岳雑誌の編集部が、著名な登山家らへのアンケートをもとに選んだ。選定基準はほぼ同じだが、結果は少し異なっていた。『岳人』の百名山には含まれるが、深田の百名山では選外となった山が二十ほどある。実は氷ノ山もその一つだ。

もし仮に深田が『日本百名山』で氷ノ山を選んでいれば、観光資源としての宣伝効果は絶大。今頃、もっと多くの登山客が全国から押し寄せていたに違いない。だがその分、登山道は混雑し、荒れもしただろう。今のようにのんびりと登ることはできなかったかもしれない。

三時間足らずで山頂に着いた。かわいらしい三角屋根の避難小屋を背にして、稜線を見渡す。朝の霧は晴れ、遠くに大山(だいせん)が見えた。

[二〇一八年七月号]

氷ノ山の山頂を臨む

山頂のホタル

鳥取県の西部に位置する大山(だいせん)は「伯耆富士(ほうきふじ)」と呼ばれ、荒々しくも美しい山容を誇る。標高一七二九メートルは中国地方の最高峰だ。

その山頂に七月の数日だけ姿を現すホタルがいる、と数年前に知人から聞いた。ホタルは清流に生息するものと思い込んでいたため、陸地のしかも高山の頂上にホタルがいるとは信じがたく、一度自分の目で確かめたいと思っていた。

コロナが少し落ち着いた昨年の七月中旬、思い切って大山に向かった。登山道を汗だくになって登り、三時間ほどで山頂に着いた。無人の避難小屋に荷物を置き、日が暮れるのを待った。

午後八時頃からいよいよ出陣。山頂付近はダイセンキャラボクという低木と草地が広がっている。木道の左右に目をこらすが、風があって飛翔は難しそうだ。時期を外したのかと思いかけたその時、足元の草の葉先が光った。顔を近づけると体長一センチ弱の小さなホタル。金色の光を小刻みに点滅させた。しばらくして風が弱まると、ふわっと体を浮かして草むらに消えていった。

写真を撮りに来ていた地元の人にうかがうと、「ヒメボタル」という種類で、光の色から「キンボタル」とも呼ばれる。幼虫は小型のカタツムリなどの陸貝を食べて成長するそうだ。

翌月、附属小学校の夏休み明けの会で、児童たちにこのホタルの話をした。興味深かったようで何人かの児童が質問に来た。汗して登った甲斐があったと改めて思った。

［二〇二二年七月号］

名刺

ビジネスの世界とは違い、教育界で名刺を持つ人は多くない。教育実習生を受け入れてもらっている学校に挨拶にうかがっても、管理職以外から名刺をいただくことはほとんどない。教師というのは、名刺なしでもやっていける職業のようだ。

他方で近年、名刺を持つ教師が増えていると聞く。生徒の職業体験活動にともなう事業所回りや、部活動顧問としての他校訪問、さらには各自治体の教科研究部会や自主研修グループへの参加など、学校外で新しく人と出会う機会は多い。そうしたときに名刺があると相手の印象にも残るし、その後の交流もしやすい。

名刺を作るのはとても簡単。白紙のカードを買ってくれば手近なパソコンとプリンターで自作できる。ネットの印刷通販会社に注文しても百枚で千円ほどだ。もちろん勤務校が変わると古い名刺は使えないが、百枚くらいなら異動するまでに使い切れるのではないか。いや、使い切ることを目標にして、職場以外の場所にどんどん出かけてみてはどうだろうか。

私が初めて名刺を作ったのは三十歳で大学に就職したときだった。職位が変わったり異動したりするたびに作りかえ、現在の名刺で六枚目か七枚目だ。以前は職場だけでなく自宅の住所と電話番号も載せていた。今は職場だけだが、その分、メールアドレスも書くようになった。一枚の名刺交換からつながりが広がっていくのはうれしいものである。

［二〇一八年三月号］

チョウの名前

「モンスターペアレント」という言葉を耳にするようになって久しい。その言葉を聞くたびに、かつてベテランの小学校教師からうかがった話を思い出す。

その先生が教師になりたての頃の話である。クラスの子どもたちを屋外での自然観察に連れて行った。帰りがけにA君が一匹のきれいなチョウを捕まえてきた。何という名前か尋ねられたが答えられない。学校に戻り、子どもたちと一緒に図書室で調べてみることにした。しかし、それでもわからない。困っていると、別のB君がチョウを家に持ち帰って父親に教えてもらってくるという。その子の父親は大学で昆虫の研究をしていた。翌朝、B君が父親から手紙を預かってきた。便せんには丁寧な字で、こう書かれていた。

「いつも息子が大変お世話になっています。このチョウは〇〇チョウの仲間で、△△という名前です。先生の口から子どもたちに教えてやってください。息子には、お父さんもわからないと答えています」

この話を聞いて、私は少し胸が熱くなった。B君の父親はこの先生が若いながらも一所懸命子どもたちに関わっていることを知っていて、だからこそ信頼し、また応援もしていたのだろう。

近頃は先生方が保護者対応で苦慮している話ばかりをよく聞くが、今もこうした保護者がたくさんいると信じたい。

［二〇一七年五月号］

観察実習

けっして新しいことではないが、今日の教員養成教育におけるキーワードの一つは「理論と実践の往還」である。昨年度、勤務校の神戸大学で開設した国際人間科学部・子ども教育学科でも、カリキュラムを作成する際に特に留意した。

これまで発達科学部では、小学校・幼稚園の教員免許を取得する場合、教育実習は三年次の四週間だけだった。新学部の子ども教育学科では、それに加えて、「観察実習Ⅰ」（一年次）と「観察実習Ⅱ」（二年次）を必修科目として新設した。二～四年次には「学校インターンシップ」（選択）も準備した。いわゆる積み上げ式の実習体系である。

教育実習では神戸市立小学校・幼稚園にもずいぶんお世話になっている。実習が増えた分、事前の調整が大変だが、その過程で得るものも多い。例えば、ある幼稚園に打ち合わせに行った際、園長からこんな依頼を受けた。「学生が観察実習で何に気づき、何を考えたのか、大学でおこなう事後指導でのリフレクションの概要をぜひ送ってほしい」とのこと。もちろん相手は学部の一、二年生。表面的で一面的な見方も多い。だが先入観が少ない分、ベテラン教師が当たり前に思っている事柄について、その意味や理由を根本から問うてくることがある。それを手掛かりにして、自分たちの教育活動を振り返りたいというのだ。

実習生から学ぼうとするベテラン教師がいる。そのことこそ学生には感じ取ってもらいたい。

［二〇一八年九月号］

池内センセイ

先ごろ新聞でセンセイの訃報に接し、言葉を失った。センセイとは池内紀（いけうちおさむ）氏のこと。ドイツ文学研究の大家で、変幻自在に言葉をあやつる名随筆家でもあった。

私の専門は教育学だが、同じドイツ研究のため、学生の頃からセンセイの書いた本や翻訳をたくさん読んできた。姫路市出身で、山登りや旅が好きなところにも親しみを覚えた。

いわゆる教育書は書いていない。たぶん教育という言葉は好きではなかったのではないか。一方で、センセイを見つけるのは得意な人だった。

「センセイの手引き」というエッセイには、二人のセンセイが出てくる。ひとりは英文学者で星をこよなく愛した随筆家・野尻抱影。もうひとりは国文学者で散歩の達人として知られる随筆家・岩本素白。どちらも旅の師匠だった。

センセイと呼ぶ理由はこうだ。「呼びすてにするのはもったいないので、小声で『先生』とつける。直接おそわったことはなく、会ったこともない。なれなれしく先生というのも気がひけるので、さしあたり片かなでセンセイ」。旅だけでなく、ひろく生き方や考え方、気がつくと文章の書き方まで影響を受けていたという(『ひとり旅は楽し』)。私にとって池内氏もそんな存在だった。なのでこっそり池内センセイと呼ばせてもらっていた。

どこかの山小屋か温泉宿で偶然一緒になるのを夢想したこともあるが、もうそれもかなわない。残念ではあるが、センセイの本をリュックに詰めこみ、一緒に旅に出かけたい。

[二〇一九年十一月号]

「先生」

それは篠山（ささやま）（現丹波篠山市（たんばささやま））で開いたゼミ合宿でのこと。宿泊施設の近くに立派な吊り橋があり、学生たちと順番に渡っていた。先に渡り終えた女子学生が振り返り、手を振りながらこう言った。「タカノブさ〜ん」。びっくりして足を踏み外しそうになった。

勤務校では学生が教師のことをよく「○○さん」と呼んでいることは知っていた。ただそれは当の教師のいないところでの話。「タカノブさん」と言った学生も、対面では「隆信先生」と言っていた。姓でなく名前で呼ぶのは同じコースにもう一人、同音の渡部先生がいるからだ。彼女も友だち同士だと「さん」付けで呼んでいたに違いない。吊り橋を渡るという非日常的な状況で、ついその癖が出てしまったのだろう。

それゆえ、私が驚いたのは彼女に「さん」で呼ばれたことではない。私自身がとても動揺してしまったことに驚いたのだ。学生からは「先生」と呼ばれるのが普通で、できれば「先生」と呼んでもらいたい。無意識にそう思っていたことに気づいたのである。

日本では幼稚園から大学まで、教師は子どもからも、同僚からも「先生」と呼ばれるのが一般的である。しかし江戸時代には、寺子屋で教えるのは「お師匠さん」で、「先生」とは呼ばなかったようだ。「先生」という呼称が広まったのは明治期だと思われるが、その経緯は何か。一度しっかり調べてみたい。

［二〇一七年七月号］

ドイツの校長会

先日、ドイツを訪問した際に、運良く総合制学校(ゲザムトシューレ)の校長会を見学することができた。

ドイツでは小学校が四年までで、その後、ギムナジウム、実科学校、基幹学校という三種の中等学校に分岐する。しかし十歳そこそこの子どもが自分の意志で進路選択をするのは難しい。また、家庭環境によって進学先に偏りが生じやすい。そこで一九七〇年代以降、三校種を統合した学校が追加された。それが総合制学校である。

日本の校長会を見たことがないので比較はできないが、おもしろいと感じたことが二つある。

まず一つは先生がたの服装。男女ともジーンズにジャケットやセーターが大半で、皆ノーネクタイ。スーツ姿は会場校の校長だけだった。ある女性校長は「いつもこんなラフな格好なのよ。ギムナジウムの校長は違うと思うけど」と言っていた。

もう一つは教育行政官と校長との対話が重視されている点である。例えば、現在ドイツでは教員不足のため、大学の教職課程を出ていない社会人を積極的に教員として採用する動きがある。今回の会でもその説明が行政側からなされた。しかし一方的な伝達ではない。研修や採用のあり方について、校長側から積極的な提言や課題の指摘がなされた。

余談だが、校長会の様子をカメラで撮影していいか尋ねたところ、拒否する人はおらず、何人かの校長は茶目っ気たっぷりに、手で髪型を整え始めた。真剣だがなごやかな、居心地のいい会だった。　［二〇一八年五月号］

白鳥のため池

兵庫県の県鳥がコウノトリであることは有名である。その陰にかくれてほとんど話題にならないが、兵庫県には毎年冬になるとコハクチョウが飛来する。場所は加西市と、隣接する小野市に点在するため池。日本で最南端の越冬地である。

コハクチョウがこの地域に姿を見せるようになったのは一九八〇年代初め頃である。当時、私は小野高校の生物部に所属していた。根っからの「鳥屋」だった私は、コハクチョウ飛来の新聞記事を見て興奮した。その頃は青野ヶ原の自衛隊演習場内の池がねぐらになっていたので、放課後、

羽を休めるコハクチョウ

学生服に双眼鏡をぶら下げて青野ヶ原に通った。

日本に飛来する白鳥には、オオハクチョウとコハクチョウの二種類がある。よく似ているがコハクチョウは少し小さく、くちばしの模様が異なる。小さいといっても全長一二〇センチ、翼を広げると二メートル近い。私が好きなのは、その白い巨体が隊列を組んで飛翔する姿を真下から眺めることである。

白鳥はその端麗な容姿から、古来、純潔や官能の象徴として、絵画や文学のモチーフにされてきた。しかし実際に観察してみると、毛づくろい、じゃれ合い、威嚇、警戒など興味深い行動を次々と見せてくれる。私たちが抱く白鳥のイメージがいかに一面的であるかに気づかされる。

今年も正月休みには、白鳥の姿を見にため池をめぐりたい。

［二〇一六年一月号］

山の学校

六甲山の山の上に、児童がケーブルカーで通学する小学校がある。その名も神戸市立六甲山小学校。もとは神戸市立唐櫃（からと）小学校の六甲山分教場として一九四九年に開校し、三年後に六甲山小学校として独立した。

一九五〇年代には児童数は七十人を超えたが、徐々に減少し、二〇〇一年度には十一人となった。そこで二〇〇二年度から、小規模特認校制度により、通学時間などの条件を付して、神戸市全域から入学・転学生を受け入れている。現在（二〇二〇年度）の児童数は六十四人。山の上に住む児童は十一人で、それ以外は特認校制度の利用で市街地から通学する。

同校では六甲山の全山縦走など、恵まれた自然環境を活かした教育活動が展開されている。地域行事への参加も多く、地元の人からも見守られ、多様な支援を受けている。

先日、同校を見学させてもらった。特に見たかったのは、玄関ホールに据えられた薪ストーブ。同校では毎年、霜降(そうこう)の日（十月二十三日頃）に全校をあげて火入れ式をおこなう。春までの間、気温が十度を下回る朝に薪ストーブで火を焚く。この日も八時前に焚きはじめ、児童を出迎えた。冷え込みの厳しい朝は、かじかんだ手をストーブで温めてから教室に向かう児童も多い。炎のゆらめきと木のはぜる音は、心も温めてくれる。

冬枯れの校庭の片隅では、シーボルト（江戸後期に来日したドイツ人医学者・博物学者）にゆかりのあるシチダンカ（希少種のヤマアジサイ）が静かに春を待っていた。

［二〇二一年一月号］

III

危険な職業

『かにの本』

水生生物の本ではない。今から二百五十年ほど前にドイツで出版された教育書である。

この風変わりな名前の本を書いたのは、ザルツマンという人物。牧師の家に生まれ、自身もドイツ東部のイエナ大学で神学を学び牧師となった。民衆のあいだに入って活動するうちに、当時の家庭教育がいかに子どもの内なる力を台無しにしているかを目の当たりにし、心を痛めた。そこで親向けの啓蒙書として著したのが本書である。

親は子どもにどのように接するべきか。そんな四角四面のことは一切書かなかった。むしろその逆をいった。どのように接すると子どもはダメな人間になるか。それを淡々と書き連ねたのだ。例えば、どうすれば子どもをわがままにできるか、どうすれば子どもは他人の不幸を喜ぶようになるか、どうすれば子どもにふしだらを教えることができるか、等々。その数、全部で三十余話。いずれも、〇〇家の〇〇さんが常日頃こんなふうに子育てをしていて、こんな子どもが育ちましたという具合。具体的で身につまされる話ばかりだ。

本書のヒットで注目を浴びたザルツマンは、当時有名だった汎愛学舎（バゼドウが一七七四年に設立した寄宿学校）に宗教の教師として招かれ、その後独自に学校も開設した。

ちなみに『かにの本』という題名は、子がににまっすぐ前に歩くように命じる母がにが横歩きしかできなかったというイソップ寓話「子がにと母がに」によるものである。

［二〇一七年九月号］

かぼちゃ事件

日本がまだまだ貧しかった一九五〇年代、著書『村を育てる学力』によって兵庫県但馬（たじま）地方の小さな小学校から、全国に清新な風を送った教師がいた。東井義雄（とういよしお）（一九一二〜一九九一年）である。同書で東井は、お世話になった三人の校長の思い出を書いている。U校長はその一人だ。

ある日、村のおじさんが学校に怒鳴り込んできた。大事に育てているかぼちゃに、児童が目を書き、鼻を書く。わんぱくをしすぎるので注意してほしいというのだ。東井は当の児童を探して、職員室で懇々と説教した。校長室のない学校だったので、U校長は東井の机の向こう側で、その様子をだまって見ていた。

説教が終わって、児童を帰すと、校長が関心しながらこう言った。「東井先生よ、子どもというのはええな(よい)」。何がよいのかと東井が尋ねると、「でも、まあ、考えてみい、子どもがかぼちゃに目鼻をかく。かぼちゃが大きくなる。それにつれて、目は目をむき、鼻は鼻をむいていく。子どもちゅうものは、かぼちゃが生きとるちゅうことよう知っとるんだなあ！」。そして翌年、学校でもかぼちゃを育てて、目を書いたり、鼻を書いたりさせてやることを校長は提案した。

こんなふうだから、どの児童も「この学校は、わしの学校だ」と思い込んで、がんばった。児童だけでない。教師もこの学校での仕事に幸福感と生きがいを感じた。これもひとえに校長の人柄によるものだと、東井は考えていた。

［二〇一八年十一月号］

ドレスデンの夢

十一月半ば、ドイツ東部の古都ドレスデンを訪れた。エルベ川沿いに広がる芸術と音楽の街である。予定していた会議や調査をほぼ終え、最終日は少し旧市街を散策した。ふらりと入った古いカトリック教会では、運よくパイプオルガンの演奏会が開かれていた。長椅子に座り、天から降り注ぐような荘厳な音色を全身に浴びた。

演奏が終わると、思いがけず、前方に座っていた一団が一斉に席を立った。アジア系で、みな若い。ひょっとして日本の修学旅行か。出口に向かう彼らの話し声に耳を澄ました。やはり日本語、しかも関西のイントネー

ドレスデンの聖母教会

ション。

教会を出ると、一団は班ごとに点呼中だった。思い切って近づいて、引率と思しき方（あとで校長とわかった）にお声がけした。なんと兵庫県の西宮高校。同校には県立としては唯一の音楽科（定員四十人）があり、毎年こうやってドイツに研修旅行に来ているそうだ。卒業生のなかにはドイツで活躍する者もいる。歴史あるゼンパー・オーパー（ドレスデン旧市街の中心部に立つ世界的に有名な州立歌劇場）の第一バイオリン奏者も同学科の先輩で、今晩のチケットを手配してくれたらしい。

翌日、帰国の飛行機も一緒になった。生徒らは、一週間とは思えない濃密な経験ができたと口をそろえた。将来は音楽の道に進むつもりかと尋ねてみた。演奏家だけでなく、音楽の教師や研究者など、「みんないろんな夢を持ってます」と男子生徒。旅の最後に、高校生の口から「夢」という言葉を聞けたのが、何よりうれしかった。

［二〇一九年一月号］

一月のクリスマスプレゼント

ドイツのクリスマスシーズンは十一月末に始まる。クリスマスまでの約四週間を待降節といって、どの街にもクリスマス市(いち)が立つ。市では色とりどりのキャンドルやリース、香辛料や木のオモチャなど、各種の露店が軒をつらねる。

市の一角では、しばしば本物のモミの木も売られている。高さ一・五から二メートルくらいの木が売れ筋のようだ。もちろんクリスマスツリー用で、持ち帰って自宅で飾り付ける。

クリスマスにモミの木を飾る風習はドイツで始まったとされる。真冬でも青々としたモミの木は、古代ゲルマン民族にとって生命力のシンボルだった。十九世紀半ばに、ドイツ人を母に持つビクトリア女王がその風習をイギリスに持ち込み、世界中に広まるきっかけとなった。

ドイツでは十二月二十五日を過ぎても、すぐにはツリーを片付けない。年が明けて、東方の三博士がキリスト生誕のお祝いに来たとされる一月六日まで、クリスマスの行事が続くからだ。

一月七日の朝、役目を終えたモミの木が街の各所に積み上げられる。一つの街だけでも相当の量だ。私がドイツにいたときに読んだ新聞には、収集された木の大半はチップにされ堆肥になるが、一部は動物園に運ばれると書かれていた。ゾウやサイのエサになるのだ。緑の少ない季節、遅ればせながらのプレゼントといったところか。

［二〇二〇年一月号］

数種類のモミの木を販売

釣りの愉しみ

幼い頃、釣り好きの父に連れられて、近くの池や川によく釣りに行った。中学校に入った頃から部活や受験で忙しくなり、その後長い間、釣りからは遠ざかっていた。再び竿を手にするようになったのは、十年ほど前のことだ。

きっかけは二人の息子。夏休みの絵日記のために、自宅近くの加古川（かこがわ）の河口にハゼ釣りに行ったのが始まりだ。その後、姫路や赤穂（あこう）の海に足を延ばすようになった。仕事は忙しくなる一方だが、今も年に数回、時間を作って釣りに出かけている。何がそんなに愉しいのか。

引き味も魅力のカレイ

釣りの魅力をひとことで説明するのは難しい。狩猟と釣りは原始の時代から人間の本能に属していると聞いたことがある。エサや釣り方を工夫して、ねらった魚を釣り上げる醍醐味は他では味わえない。釣った獲物を持ち帰って食べることができるのも大事なポイントだ。しかし私にとって一番の魅力は、アタリを待つときの静かな時間の流れだ。

一六五三年にイギリスで書かれた『釣魚大全（ちょうぎょたいぜん）』という本がある。釣師のバイブルともいわれる本書の副題には、「静思を愛する人のレクリエーション」とある。革命と動乱の時代にあって、著者アイザック・ウォルトンは釣りのなかに瞑想と静思を求めた。彼は言う。Study to be quiet ——静かなるを学べ。

あわただしい現代社会に暮らす私たちにもあてはまる警句かもしれない。竿先をぼんやり見つめながら、そんなことを思う。

［二〇一九年七月号］

先生の贈りもの

昭和を代表する作詞家・阿久悠（本名、深田公之）が、かつて月刊『兵庫教育』にエッセイを寄稿している。一九九二年五月号、題名は「少年時代」。終戦直後、淡路島の都志小学校時代の回想である。

当時の綴り方（作文）教育では、事実をありのままに書くように指導されることが多かった。だが深田少年は、事実そのままではなく、事実から発した虚構を描くのが好きだった。そのため彼はいつも嘘を書くといって怒られた。ただ、米櫃の米について書いた作文は例外的に評価された。食糧難の時代、減っていく米粒たちの人間への思いや米粒同士の友情と別れを、米の立場で描いたところ、文学青年だった担任の先生が、「きみの文章は横光利一（よこみつりいち）（大正から昭和に活躍した小説家）を思わせる」と言って絶賛してくれた。

しかし、小学五年生の深田少年には、横光利一がどんな作家なのか想像もつかず、そのときは喜んだもののすぐに忘れてしまっていた。

先生の言葉を思い出したのは、大学を出て広告代理店に就職し、数年が過ぎたころである。自分の才能が世の中で通用するのか、確たる自信が持てないとき、先生の言葉が鮮やかに蘇った。自分の才能を認めてくれたひとことが、深いところで自分を支え励ましてくれたという。

言葉というものは、目の前の人に何かを伝えるだけでなく、ずっと後になって芽を出し、花開くことがある。少年時代にそんな言葉を得られたことが幸福だったと、文は結ばれている。

［二〇二〇年三月号］

倉敷にて

その店に足を踏み入れた瞬間、私にとってはなじみ深い、何とも落ち着く香りがした。

今年のゼミ旅行で学生たちと倉敷を訪れたときのことである。美観地区の少し奥まった通りを歩いていると、古民家を改装した小さな古書店に出くわした。

店内は比較的ゆったりと本棚が置かれ、ジャンルごとに本が並べられていた。整然としすぎず、かといって雑然ともしていない、ほどよいゆるさ。

店内を一巡しながら、各本棚の背表紙を一番上の段の右から左に、次の段も右から左に、そしてその下の段も同じように目を走らせる。どうやら自然科学系の本が好みの店のようだ。

一角に倉敷の郷土本などを集めた人文系のコーナーもあった。そのなかにドイツ中世史家・阿部謹也（あべきんや）の本が四、五冊あり、こちらを見ていた。岡山での学生時代、仲のいい友人が阿部の大ファンで、すすめられて『ハーメルンの笛吹き男』（筑摩書房）を読んだのを思い出した。いくつか手に取って、彼の最晩年の著作『「世間」への旅』（筑摩書房）を購入することにした。

支払いの際、店主の女性と少し話をした。昨年二十五周年を迎えたそうで、その時に作成したという苔の絵葉書をオマケにもらった。

学生たちはすでに外に出て私を待っていた。皆、大手古書チェーン店に行ったことはあるが、この手の古書店は初めてとのこと。彼らがどう感じたか気になったが、何も聞かず、来た道を戻っていった。

［二〇二〇年五月号］

週末のイタリア

土曜日の夕方によく見ているテレビ番組がある。BS日テレの『小さな村の物語　イタリア』というドキュメンタリーだ。二〇〇七年から続いているので、ご覧になった方も多いと思う。

舞台となるのは、旅行のガイド本には出てこないような地方の小さな村ばかり。毎回主人公を一人か二人にしぼり、彼らの日常の暮らしを丹念に映しとる。ありがちな日本からの「旅人」はいない。現地の人々の語りと俳優・三上博史のナレーションが、美しい自然の風景とともに静かに心にしみてくる。

先週は北イタリアのヴァッレ・サン・フェリーチェという村が舞台だった。主人公の一人は八十四歳の元教師の女性。

彼女は「勉強はしていなくてもシンプルで正直」だった夫との思い出を胸に、息子家族とともに暮らしている。今は夏休みなので、八歳から十三歳までの三人の孫たちの世話をしながら、父が残してくれた小さな畑で野菜づくりを楽しむ。そんな彼女の生活にアクセントを与えるのは、毎週水曜日の夜に二時間だけ開く村の図書館でのボランティアだ。お年寄りたちが本に親しみ交流する場を作ろうと、定年後に仲間と立ち上げた。来館者の笑顔が彼女の活動を支えている。

番組では毎回、けっして特別ではない人たちの、それでも二つとない人生の物語が、いい時も悪い時もひっくるめて描かれる。さて来週はどんな物語に出会えるだろうか。

［二〇二〇年九月号］

放浪修行

ドイツ中部の古い大学街ゲッティンゲンに、一年ほど暮らしたことがある。妻子も一緒だった。ある日、妻が買い物から帰るなり興奮気味に、街中で見かけた若者について話し始めた。二十代前半くらいの男性で、黒い帽子に黒い服装、風呂敷包みを担ぎ、手には魔女のようなクネクネした杖を持って歩いていたという。そのときは何者か見当がつかなかったが、後日知人が、放浪修行中の職人だと教えてくれた。

放浪修行とは、八百年前から続くドイツの伝統的な修行制度。大工などの若き職人が、各地を旅しながら将来の親方（マイスター）を目指す。

その規則は厳しい。期間は三年と一日。この間、原則帰省禁止。移動手段は徒歩かヒッチハイク。持ち物はわずかな道具と着替え、修行の記録手帳、そして杖。上着に六つ、ベストに八つあるボタンは、週六日、一日八時間働くことを示す。何より大変なのは、街々で親方を見つけ仕事をもらうことだ。そこで得た賃金が食費や宿代になる。

現在では放浪修行の代わりに工場等での実務経験が認められている。そちらを選ぶ者が圧倒的に多いが、今も年に一五〇人程度が放浪修行に挑んでいるそうだ。

なぜ今日まで、放浪修行という非効率とも思える修行形態が残っているのか。その制度を守ってきた社会的・文化的土壌は何か。旅を介した修行のなかで、若者は何を経験し、学ぶのか。

ドイツで抱いた疑問は今も頭の片隅にある。

［二〇一九年五月号］

イエナから明石へ

国内に三百以上存在するプラネタリウムのなかで、現役最古のものが明石市立天文科学館にある。一般公開が始まったのは一九六〇年六月十日。ドーム中央に据えられた投影機は高さ三メートル、重さ約二トン。旧東ドイツのカール・ツァイス・イエナ社製である。

部品を入れた三十二個の梱包が神戸港に到着したのは同年一月十九日。その後、同社の技師二名が到着した。当時の神戸新聞によれば、技師の名前はアイスマン（電気）とブルーメントリット（機械関係）。三月十二日に組み立て開始。日本人助手とともに「朝九時から夕方五時までドイツ人らしくかっちり働く」とある。組みあがったのは四月一日の朝。その後、レンズのはめ込みや電気工事等がおこなわれ、六月八日、約千人を招いた開館式でお披露目された。式典には同社の天文部長・ベックも出席し、投影の様子を見守った。

開館準備室の一員で後に館長を務めた河野健三さんにうかがったところ、今ではコンピューター制御が主流だが、本機は人が解説しながら操作盤のスイッチやツマミを細やかに操作する。特にゆっくりした星の動きを再現するのが得意だそうだ。丈夫で静穏。一九九五年の阪神・淡路大震災では大時計は止まったが、この投影機は倒れなかった。

広いドームで星の世界を満喫したら、機械本体も見てもらいたい。黒光りする機体に貼られた「JENA（イエナ）」の銘板が、同館の歴史を物語っている。

［二〇二〇年十一月号］

「かかる」と「かける」

新年を迎えるにあたり、本格的に習いたいと思っていることがある。弓道だ。

学生の頃から興味があり、いつか時間ができたらやってみたいと思っていた。しかし、仕事は年々忙しくなるばかり。その「いつか」はやってこないまま四十五歳になってしまった。そんな折、ごく近しい同僚の先生がこの秋に急逝された。あまりにも突然で、あっけない最期を間近に見て、改めて、やりたいことは今やらないとだめだという気にさせられた。

思い立って兵庫県内の弓道場を調べてみた。そして地元の加西弓道会と勤務先の大学弓道部に見学に行くことにした。どちらも気持ちのいい人たちばかりで、初心者の私を温かく迎え入れてくれた。

大学の弓道部では、一年生の部員に、稽古を始めてから的に向かって矢を射るまでに何日くらい必要か、尋ねてみた。「週四回の稽古を休まないで三、四カ月」という答えが返ってきた。思わず、「三カ月もかかるの?」と問い返すと、「かかる、というよりも、かけるんです」とのこと。「かかる」ではなく「かける」。何気ないが、深い言葉だ。効率的に先に進むことをよしとする学習観とは一線を画す考えである。ますます興味がわいてきた。

とはいえ、週四回の稽古はとても無理。桜の時期には間に合わないとしても、蝉時雨の頃には、的の前に立っていたいものである。

[二〇一三年一月号]

大木と線香

昨年の一月号で弓道を始めると宣言してから一年が過ぎた。入門したのは勤務先の大学弓道部。稽古への参加はせいぜい週一だが、「射法八節」という型を繰り返し練習した後、六月に初めて的の前に立ち、現在にいたっている。その間、わざの上達はともかく、学校教育とはずいぶん違った学習の様式を知ることができたのは貴重な経験だった。

なかでも興味深かったのは、稽古においては、正面切って教わるというのではなく、模倣が基本だという点である。「先輩方」は自分の稽古の合間に、ときどきアドバイスしてくれるものの、体系的・系統的に教えてくれるわけではない。まさに、わざを盗むつもりで人の行射を観察し、自分の射に活かしていこうとする主体的な姿勢が求められるのである。

たまにもらうアドバイスが比喩的で抽象的だという点もおもしろい。例えば、「大木をかかえるように」両腕を構え、そのまま「線香の煙が立ち上るように」打ち起こす、といった具合である。学習者にはその言葉の意味を正しく解釈する努力が求められるが、そこには解釈の自由も許されている。そのため、同一の型に基づきながらも、その人固有の型ができあがっていくのである。

ひるがえって現在の教育を見るとどうだろう。学校でも家庭でも、合理的に教えようという意識が強すぎて、子ども自身が主体的かつ創造的に学習する姿勢が、育ちにくくなってはいないだろうか。

［二〇一四年一月号］

若き弓師

彼と初めて出会ったのは六年前の春である。伝統的な竹製の弓（竹弓）を制作する数少ない弓師が姫路市にいて、その工房を訪れたときのことだ。

当時彼は香川県の高校を卒業したばかりだった。弟子入り一年目は無給らしく、朝から夕方までは弓作りの修業、夜はスーパーでレジ打ちのアルバイトをしていた。口には出さないが、厳しい修業が続いたようだ。工房に行くたびに、耐え切れずに実家に戻っていないか心配になった。その分、少しずつ職人らしい顔つきになっていくのを見るのが楽しみだった。

忍耐強く修業に取り組んだ彼は、三年ほどで、ひととおりの技術を習得した。それからさらに修業を続け、師匠から「弓師」を名乗ることを許可されたのは、入門から五年後のことである。その後の一年はお礼奉公として工房に残り、七〇代半ばになった師匠の集大成となる弓作りを、かたわらで支えている。

先日久々に会った時に、六年間の修業で得たもののなかで一番大事なことは何か尋ねてみた。それは技術的なことではない。残る弓、つまり百年たっても見る人が見れば本物とわかる弓を作りたいという師匠の願いである。その願いは師匠が自身の師匠から受け継いだもので、それを次は弟子である彼自身が継承していきたいと熱く語ってくれた。

今、郷里の香川では彼の工房が建設中である。四月の開業の日にはもちろん師匠にも来てもらうそうだ。私も何かお祝いをしたいと思っている。

［二〇二二年三月号］

ステイホーム

新型コロナウイルス感染症の影響で、四月初めから在宅勤務を強いられている。授業も会議も自宅からのオンライン。土日もなるだけ外出を控えている。

気の晴れない日が続くなかで、いくつか新しく始めたことがある。その一つが花生けだ。書斎代わりの床の間に、無性に花を飾りたくなった。

お気に入りの花瓶は生田和孝（一九二七〜一九八二年）という陶芸家が作ったものだ。高さ三〇センチ、直径一三センチ。少し茶色がかった黒色で、胴の部分は長く、九面に面取りされている。口はきゅっと細い。何とも端正で、力強い。

生田は鳥取県の生まれで、民藝運動の旗手、河井寛次郎（かわいかんじろう）のもとで修業した。その後独立し、丹波（たんば）焼で知られる兵庫県多紀（たき）郡今田（こんだ）町（現丹波篠山市）に窯を築いた。

生田のもとからは何人もの優れた弟子が育っている。その一人が今田町にある俊彦窯の窯元だ。以前、その工房を見学させてもらった。師である生田のことを尋ねると、生田に伴って京都にある河井寛次郎の自宅を訪れたときのことを、懐かしそうに話してくださった。河井が孫弟子の彼にかけた言葉は、「生田君のもとでしっかり修行しなさい」ではなく、意外にも「生田君の力になってやってください」だったそうだ。

今、わが家の花瓶には、実家の庭に咲いていたセンダイハギが生けてある。コロナ騒動が収束しても、この習慣は続けたい。［二〇二〇年七月号］

青の潮

神戸大学には、神戸市と隣接する明石市に附属幼稚園と小学校がある。沿革史をひもとけば、一九〇四年開校の明石女子師範学校附属幼稚園・小学校にさかのぼる。大正期には及川平治（おいかわへいじ）が「動的教育論」を提唱し、新教育運動のメッカとなった学校である。その校園長となって一年が過ぎようとしている。

校園長になるとき、事前の説明会であるものを手渡された。小学校の校歌が録音されたCDである。校歌の題名は「青の潮（うしお）」。「こぎだそう　力をこめて」で始まる一番は、あけぼのの海に漕ぎ出す希望を歌う。二番は正門にある「もりあがる　楠のみどり」に集う子どもたちの連帯の姿を描き、三番では「子午線のかなた」に世界と宇宙の真理を見据える。知・情・意の三要素と地域の特色を取り入れたいい歌詞だ。

ところで、今日では当たり前のように各学校に校歌があるが、校歌の歴史を調べた研究によると、一八七二（明治五）年の学制発布以来、学校の校歌制定を義務付けたり奨励したりする法令は存在しない。各学校が自らその学校固有の校歌を作り、児童や生徒に歌わせているわけだが、そうしたことは世界的にも珍しい。全国的に校歌が普及するのは一九三〇年代のことで、背景には郷土教育運動があったそうだ（須田珠生『校歌の誕生』）。

残念ながら、今年度は新型コロナウイルス感染症の影響で、学校の式典や行事がことごとく規模縮小や中止となった。おかげでまだ一度も校歌を歌っていない。早く全校児童と一緒に歌いたいものである。

［二〇二一年三月号］

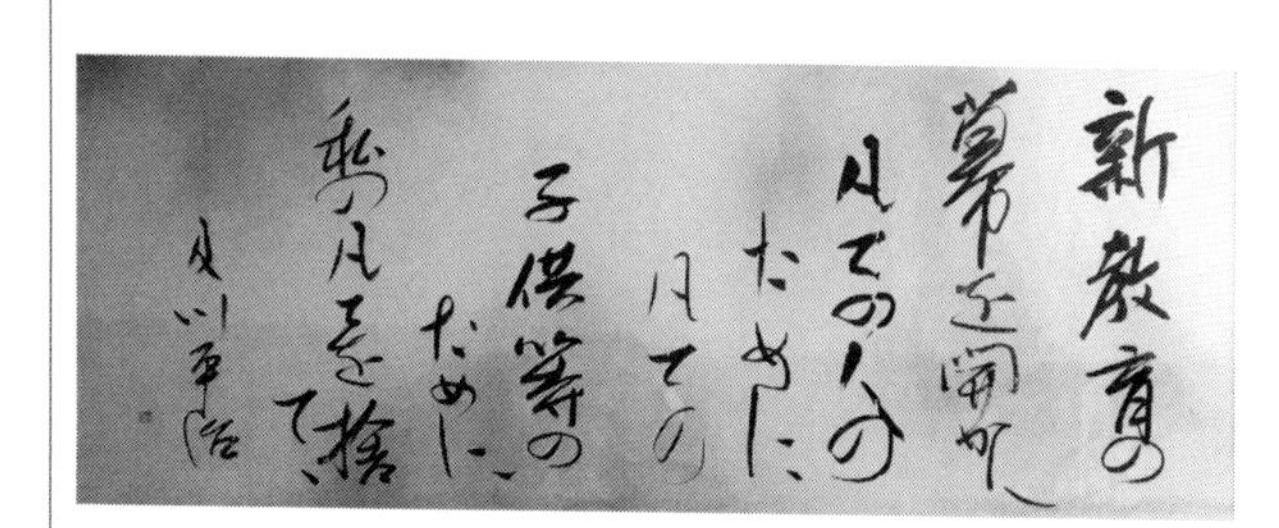

神戸大学附属小学校校長室の扁額

危険な職業

３Ｋという言葉がある。「きつい」「きたない」「危険」の頭文字をまとめたもので、過酷な労働環境を意味する。

教師という職業はどうか。確かに「きつい」側面はあるが、「きたない」と「危険」は当てはまらないのではないか。そんな風に考えていた私にとって、数年前にある公立小学校で目にした言葉は忘れられない。

職員室の目立つところに、校長が次の一文を掲示していた。

「教師は持ち前の知識でその日その日を送ることの出来る危険な職業です」

教科内容の背景にある社会や自然は日々変化し、学問も進歩し続けている。その意味では、同じ教科書を使っていても教材研究は毎年欠かせない。教育方法に関する知識も、情報機器の活用をはじめ、不断に更新していかないといけない。教育の評価方法についても同じことがいえる。

一方で、教師はある程度経験を積むと手持ちの知識で授業を「こなす」ことができるようになる。また、そうしがちである。しかも、そのことを子どもや同僚から非難されることは、ほぼないのではないか。

手持ちの知識でこなす授業。それは、教えられる子どもの成長にとっても、教える教師の成長にとっても、決して望ましいものではない。

まったくの私見だが、教師の成長についていえば、教職に慣れてくる三十歳前後でその危険に心底気づくことができるか否かが、決定的に重要な気がする。

［二〇二一年五月号］

Ⅳ

花の年には花の授業を

読書について

職業柄、本を読まない日はない。しかし、幼い頃は本とは無縁の生活だった。長田弘の詩「世界は一冊の本」にならって格好よく言うと、通学路が本であり、釣りをする小川が本であり、ススキの秘密基地が本だった。どれも実際の本よりずっと魅力的だった。

小学校の高学年になった頃、見かねた父が、私の好きな動物の本なら読むと思ったのか、『椋鳩十全集』（ポプラ社）を買ってきた。何冊か読んだが、やはり野山を駆け回るほうが楽しかった。

読書に目覚めたのは大学時代である。すでに某社が「〇〇文庫の百冊」

というキャンペーンを始めていた。一年の時のコピーは「インテリげんちゃんの、夏やすみ。」。ポスターでは、青空の下、麦わら帽に開襟シャツの若者が、右手に釣り竿と魚籠、左手に文庫本を持って立っていた。当時はそのコピーが「インテリゲンチャ」（ロシア語で「知識人」）をもじっていることに気づかなかったが、なぜか百冊を読破しないといけない気になった。

乱読の生活は大学の四年間続いた。おかげで自分なりの本の読み方が身についた。それは「どんどん読んで、どんどん忘れる」というものである。したたる水滴が鍾乳石をつくるように、自分にとって大事なことは残っていくものだ。

近頃残念なのは、好きな本より必要な本ばかり読んでいることである。それでも通勤電車では、仕事に関係のない本を読むようにしている。

いまカバンに入っているのは谷崎潤一郎の『陰翳礼讃』（中公文庫）である。

［二〇二一年九月号］

余暇二題

よく知られているように、「学校（スクール）」という言葉は「余暇」を意味するギリシャ語の「スコレー」に由来する。古代ギリシャの市民は労働から解放された自由な時間に、思索を深め、音楽に興じ、スポーツに没頭した。余暇の活動こそが人生を豊かにし、人間を人間らしくすると考えられた。人生の真の目的は余暇のなかにあり、労働は余暇を得るための手段だった。学校は余暇の領分に属していた。

今日、学校はその性格を変え、将来の労働の準備機関のようになっている。変化する社会と職業に対応した学習が重視され、労働と同じく目に見える成果を効率的に出すことが求められる。学校はすっかり労働の領分に組み込まれてしまったかのようだ。

余暇についてもう一つ。西洋人は休暇が大好きだ。たいていの日本人も好きだと思うが、その意味合いはまるで違う。私を含め特に一定の世代以上にとって、休暇とは仕事で疲れた体を休め、次の仕事に向けて鋭気を養うためのものである。仕事が主で休暇は従。しかし、少なくとも私の知っているドイツ人についていえば、その逆である。仕事に情熱を傾け責任を果たしてはいるが、基本的にはプライベート優先。休暇のために働いている印象だ。

ドイツ人が金曜日の夕方、職場を出る時に交わす言葉がある。「シェーネス・ヴォッヘンエンデ（素敵な週末を）」。自分自身の、そして家族や友人との時間が待っている。

［二〇二二年一月号］

コーヒーの時間

研究室に手動のコーヒーミルがある。大学に就職したときに買ったもので、二十年来のつきあいになる。つくりが単純なため故障もなく、いまも毎日一度か二度はお世話になっている。

コーヒーの入れ方は手軽なペーパー・ドリップ。手順はこんな具合だ。まず、電気ポットで多めにお湯を沸かす。待つ間にミルに豆を入れてガリガリと手で挽く。挽いた粉はドリッパーに移し、その上に沸騰したお湯を少し落として蒸らす。粉が小さな泡をたてて膨らんだところで、お湯を「の」の字を書くようにゆっくりと注ぐ。一杯分なら一回で注ぎきるのが私の流儀。ペーパーフィルターにすり鉢状の粉が残ると完璧だ。カップは余ったお湯で温めておくといい。

飲む時間を入れても二十分程度だが、まさに五感を働かせての作業は、ちょうどいい気分転換になる。

残念なのは、近頃忙しすぎて同僚の先生方とコーヒーを飲む機会が減ったことだ。就職したころは大学もまだのんびりしており、夕方になるとよく先生方が私の研究室に来られて、「お茶」をした。何かを真剣に議論するわけではない。学内外のたわいもない話がほとんどだ。それでもコーヒーを飲み終わった頃には、がんばってもうひと仕事しようという気になった。

もう少し同僚や学生とコーヒー片手におしゃべりする時間を持つこと。それが新年のささやかな目標の一つである。

［二〇一八年一月号］

おしゃまさん

大学のゼミ室ではアラビア社のムーミンマグを使っている。自分で買ったりゼミ生にもらったりしているうちに十数個になった。

カップにはいろんなキャラクターが描かれている。ムーミントロール、スナフキン、ミイにニョロニョロ。どれもおなじみのキャラクターだ。ひとつだけ、すぐに名前の出てこないものがあった。ずんぐり体型、赤と白のボーダー・セーターにボンボン付きの帽子。ナイフでヨットの模型を作っている。男性か女性かわからない。

自宅でトーベ・ヤンソンの『ムーミン童話全集』（講談社）を開くと、第

ムーミンマグの数々（前列中央がおしゃまさん）

五巻の『ムーミン谷の冬』にそのキャラクターが登場していた。「おしゃまさん」という名前で女性のようだ。冬眠中に目覚めてしまったムーミントロールに、冬の世界のことを話して聞かせる。はっきりと自分の意見を言うが、説教じみたところがなく、よけいな口出しもしない。

オーロラについて語る場面は特に印象的だ。ムーミントロールに対して、オーロラが本当にあるのか、あるように見えるだけなのかと尋ねながら、こう言う。

「ものごとってものは、みんな、とてもあいまいなものよ。まさにそのことが、わたしを安心させるんだけれどもね」

原作でのおしゃまさんの名前はトゥーティッキ。モデルはトゥーリッキ・ピエティラという芸術家で、トーベが人生後半をともにしたパートナーだそうだ（P・ヴェスティン『トーベ・ヤンソン』）。

［二〇二二年五月号］

卒業の三曲

誰にも卒業式のシーズンになると思い出す曲があるだろう。年配の方なら「高校三年生」がなじみ深いに違いない。一九六三年に、橋幸夫、西郷輝彦とともに「御三家」と呼ばれた舟木一夫が歌い、日本レコード大賞新人賞を受賞した。時代は高度経済成長期。卒業は「クラス仲間」との別れを意味したが、そこには、思い出を胸にそれぞれの夢に向かって歩み出そうとする力強さがあった。

それから二十年あまりたってヒットしたのが、尾崎豊の「卒業」（一九八五年）である。この時期、高校進学率は九〇％をはるかに超え、目的意識が希薄なまま進学する生徒が増えていた。そんな生徒たちにとって学校の管理教育は、窮屈で息苦しく感じられた。曲のなかでは、荒れる生徒が夜中に校舎の窓ガラスを壊してまわった。そんな真似をされると校長はたまったものではないが、学校とその先の社会による「支配」からの「卒業」を訴える強烈な歌詞は、同世代の強い共感を呼んだ。

二十一世紀に入った頃から、卒業を主題にした曲が減った気がする。それでも長渕剛の「卒業」(二〇〇九年)は記憶に新しい。長渕が母校の鹿児島南高校三年の生徒たちと共同で作詞した曲で、シンプルなメロディと長渕の切ない歌声が印象的だ。少し気になるのは、先の二曲に比べ、登場人物が「僕」と「君」の二人に限定されている点と、視線が現在志向で卒業後のことが何も描かれていない点である。欲がないとされる「さとり世代」の一曲といえるかもしれない。

[二〇一四年三月号]

トットちゃんの秘密

大学時代、文学部で黒柳徹子さんの講演があった。テーマは十九世紀アメリカの詩人、エミリー・ディキンソンの生涯と詩作。テレビではうかがえない内面に触れた気がした。その後もユニセフ親善大使やパンダ研究など多彩な活動を拝見して、いつも思っていた。どうすればあんな魅力的な人間が生まれるのか。

『窓ぎわのトットちゃん』を手に取ったのも、そんな関心からだった。

黒柳さんは公立小学校を三カ月ほどで「退学」になった。そのとき転校したのが、東京の自由ヶ丘にあったトモエ学園という学校。校長の小林宗（こばやしそう）

作は日本にリトミックを広めた人物である。二つ巴の校章には、心と体の自由で調和的な発達への願いが込められていた。本書では同校の先生や級友、そして家族らとの思い出が、トットちゃんの目を通して生き生きと描かれている。

先日読み返していて、「秘密」という言葉が何度か登場することに気づいた。まず、両親が留守のときに自宅のラジオでこっそり落語を聞く場面。次に、夏休みの校庭で小児麻痺の少年と一緒に、懸命に木登りをする場面。そして、下校時に電車の中で拾った五銭玉を木のしげみに隠す場面。これらの秘密のいくつかは両親や先生にばれていたかもしれない。しかし誰も詮索はせず、トットちゃんにとっては大切な秘密のままだった。

話す自由と、話さない自由。子どもでも一人の人間として尊重された。今の黒柳さんの一部はそんな環境で形成されたのかもしれない。

［二〇二二年十一月号］

仏様の指

大村はまの名著『教えるということ』は、晩年に各地でおこなった講演の記録である。山形県天童市の講演では、若い時に教えを受けた教師の話を紹介している。

あるとき、先輩の教師から「大村さんは、生徒に好かれているか」と尋ねられた。答えに窮していると、こんな話をしてくださった。

「仏様がある時、道ばたに立っていらっしゃると、一人の男が荷物をいっぱい積んだ車を引いて通りかかった。そこはたいへんなぬかるみであった。車は、そのぬかるみにはまってしまって、男は懸命に引くけれども、車は動こうともしない。男は汗びっしょりになって苦しんでいる。いつまでたっても、どうしても車は抜けない。その時、仏様は、しばらく男のようすを見ていらしたが、ちょっと指でその車におふれになった。その瞬間、車はすっとぬかるみから抜けて、からからと男は引いていってしまった」

男は御仏の力に預かったことを永遠に知ることはない。こういうのが一級の教師。生徒に慕われるのは結構なことだが、せいぜい二流か三流、と言われたそうだ。

大村は、この話の意味を考えた。日がたつにつれ、年がたつにつれ、それは深い感動になった。

生徒が生涯一人で生きぬく力を、先生の指がふれたことも気づかずに、自分の磨きあげた実力だと思って、自信に満ちて、未来の社会に踏み出していく。これが本当の教師の仕事の成果。先生のことなど忘れてくれれば本懐である。

［二〇二三年一月号］

委員の八年

予期せぬめぐりあわせで、二〇一一年二月、加西市教育委員会の教育委員に就任することになった。以来、二期八年の任期がこの一月で終わった。その間、ほかではできない貴重な経験をいろいろとさせてもらった。

月一回の定例会議以外に、毎年四カ月ほどかけて、市内の小学校十一校、中学校四校、特別支援学校一校を回った。授業見学と、管理職の学校経営発表をうかがうのが目的である。幼稚園や保育所なども毎年訪問した。委員就任時に市立の就学前施設は十六園あったが、今年度は八園となった。背景には幼保一元化と少子化の流れがあるが、八年の歳月を実感する数字だ。

学校園の訪問以外にも、市の成人式や公民館祭り、古墳の発掘現場にも足を運んだ。予想外だったのは、市の新年交歓会。地元企業の経営者や市・県・国の議員と挨拶を交わすのだが、自分がいかに狭い社会しか知らないか、いつも痛感させられた。

さまざまな行事のなかで、毎年一番楽しみにしていたのは卒業式・卒園式である。壇上で教育委員会の告辞を読むのは最後まで慣れなかったが、子どもと先生の思い出が凝縮された式典には、いつも胸が熱くなった。

ある小学校では、司会の途中で教頭が感極まって声がふるえていた。式典後、照れながら、「いい年のおっさんが泣ける仕事はそんなにないですよ」と言われていた。そんな場面に立ち会えたのも、教育委員をさせてもらったおかげである。

［二〇一九年三月号］

ランドセル

「天使のはね」で知られるランドセルの製造メーカーが兵庫県たつの市にある。何年か前、ゼミ生が卒論でランドセル研究をしたときに、一緒に工場見学に行かせてもらった。

全国シェア一位の会社だと聞いていたので、きっとオートメーション化された工場で機械が整然と製造するものと想像していた。しかし実際は大きな町工場という雰囲気だった。素材の検査から裁断、縫製、組み立て、検品まで、流れ作業で製造されるものの、熟練の職人にしかできない工程がいくつもあり、人の汗と情熱を感じた。

「ランドセル」という言葉は、背負いカバンを意味するオランダ語の「ランセル」に由来する。今日一般的な箱型ランドセルは「学習院型」と呼ばれ、一八八七（明治二〇）年、後の大正天皇が学習院初等科に入学する際に、総理の伊藤博文が献上したものをモデルにしている。基本的な形は変わっていないが、教科書の大判化に対応して少しずつサイズが大きくなっている。軽量で耐久性のある素材の開発も進み、色もずいぶんカラフルなものが増えた。

三月は小学校の新入生がランドセルを背負う準備をする時期であるが、卒業生にとってはランドセルとお別れする時期でもある。近年は、愛着のあるランドセルの部材を使ってミニチュアを作ってくれる会社もある。海外に送ってリユースしてもらうという手もある。わが家はどうするか、六年生の息子と相談しているところである。

［二〇一六年三月号］

卒業に寄せて

毎年三月になると、卒業生にお祝いの言葉を贈る。それは色紙の寄せ書きだったり、謝恩会の挨拶だったりするのだが、苦労しない年はない。偉い人の言葉を引いて格好よくやろうとしても、うまくいかないことが多い。借り物の言葉には力がないのだ。結局、とぼしいながらも自分の経験に根差した言葉を探すことになる。

かつて大学院生だった頃、指導教官のすすめで、九州の九重山麓でのドイツ語合宿に参加したことがある。やってきた学生の大半はドイツ語専攻。講師は大学や高専でドイツ語を教えている先生方だった。教育学専攻は私一人。辞書を片手にドイツ語を和訳するのは何とかできたが、話す・聞くは皆目駄目だった。三泊四日の合宿を通して、先生方のドイツ語解釈の精確さに圧倒され、場面に応じた豊かなドイツ語表現に魅了された。

合宿から帰ってそんな話を指導教官にすると、「餅は餅屋だよ」とひとこと。餅作りが多少上手でも、毎日餅を作っている専門家にはかなわない、といった意味である。教育学の「餅屋」（専門家）として力をつけなさいと言いたかったのか、どの世界にもその道の「餅屋」がいるので、必要なときは手助けを求めなさいと言いたかったのか。真意はいまだによくわからないが、忘れられない言葉として記憶している。

餅は餅屋。今年の卒業生へのはなむけの言葉にできないか、考えているところである。

［二〇一七年三月号］

コウノトリ

手元に「飛翔　コウノトリ」というポストカード写真集がある。以前、兵庫県北部の豊岡市にある「コウノトリの郷公園」で購入したものだ。そのなかに大好きな一枚がある。

出石（いずし）川の浅瀬で十羽のコウノトリが羽を休めている。背後には六頭の牛。手前では麦わら帽の女性が鳥のいる方向に牛を追っている。なんとものどかな光景だ。一九六〇年の夏に地元のカメラマンが撮影した。

それから約十年後、野生のコウノトリは日本から姿を消した。多くの人の努力により、兵庫県が人工飼育に成功し、放鳥を開始したのは二〇〇五年である。その後、但馬(たじま)地方を中心に野生復帰した個体が繁殖するようにもなった。現在、県内外で二百羽を超えるコウノトリが大空を舞っているそうだ。

私が自宅近くで初めてコウノトリを見かけたのは一昨年の冬の朝だ。車での出勤途中、池の岸に一羽佇んでいるのに気づき、思わず停車した。昨年は秋に三度見かけた。一度は弓を引いている最中で、弓道場の上空を五羽がくるくると旋回した。今年は広い水田地帯で、おそらく同一の個体を毎月のように確認している。

この二年でコウノトリに出会ってもだいぶ冷静でいられるようになった。だが、あの写真の女性のようにコウノトリと自然体で関わるという境地には程遠い。いつどこで見たのかも覚えていないくらい、コウノトリが日常の暮らしに溶け込む日が来ることを願っている。

［二〇二一年七月号］

カシの木と動物園のある学校

学校の特色をひとことで表現し、人を引き付けるキャッチコピーとはどんなものか。私がこれまでに見聞きしたなかで三指に入るのが標題のコピーである。以前ドイツで知り合った小学校長が自校紹介で使った言葉だ。

帰国後も気になっていたところ、二〇一九年にまたドイツに行く機会に恵まれた。せっかくなので足を延ばして学校を訪問させてもらった。

ドイツ東部、ライプツィヒ郊外にその学校はあった。カシの巨木を仰ぎ見ながら学校の裏手に回ると、五〇メートル四方ほどの動物園が広がっていた。ヤギ、ウマ、ウサギ、モルモット、ニワトリ、カモなど。時間になると当番の子どもたちが餌やりに出てきた。女の子たちは嬉々としてモルモットを膝にのせ野菜をやっていた。しかし、とても素人に世話のできる種類と数ではない。そのため女性の動物飼育員が一人、常勤で雇われていた。学校便覧には「すべての子どもが、自然と調和した学習と遊びの雰囲気のなかで、知識を獲得することができます」とあった。

考えさせられたのは、子どもにとっての動物飼育の意味だけではない。なぜこうした特色ある学校づくりが可能なのか。一九五五年以来の動物飼育の伝統、先生たちにその伝統を発展させたいと思わせるような管理職の働きかけ、そして現場のアイデアに対する行政の財政的支援、という三つがある気がした。良いコピーは一朝一夕に生まれるものではない。

［二〇二一年十一月号］

ウマの餌やり

子どもたちの園

神戸大学附属幼稚園の園長を兼任して三年になる。総定員一二〇人の中規模園で、来園者が皆驚くのは、広い敷地を活かした豊かな保育環境だ。

年少クラスの目の前には手入れの行き届いた緑の芝生が広がる。年中と年長クラスの菜園の向こうにはポプラの巨樹がそびえ、その右手には幅約三メートルの滑り台、左手には変化にとんだ築山。中庭にはビオトープがあり、かたわらに植えられたミカンの木には、夏になるとアゲハチョウが舞う。

そんな園庭で遊びにふける子どもたちを見ながら、私は時折ドイツの教育家、フリードリッヒ・フレーベルのことを思う。

フレーベルが世界初の幼稚園を創設したのは一八四〇年。彼が悩んだのは、自分の就学前教育施設を何と命名するかだった。そんな折、友人とハイキングに出かけた。途中、小高い丘の上から、春うららかな峡谷を展望した。それはあたかも美しい庭園のようだった。その瞬間、「キンダーガルテン（幼稚園、直訳は子どもたちの園(その)）」に決めたとされる。

牧師の家に生まれ幼い時から聖書に親しんできたフレーベルにとって、「ガルテン（園）」で思い描いたのは、「エデンの園」のイメージだったのではないか。オアシスを原像とするエデンの園の二大要素は植物と水。フレーベルの幼稚園では特に植物が重視された。

本園の子どもたちも、四季の自然と五感で交わりながら、のびのびと成長していく。天国のフレーベルが見たなら、きっと微笑んでくれるに違いない。

［二〇二三年三月号］

難事中の難事

ざわついた授業、チャイムが鳴ってもおしゃべりをやめない児童・生徒に手を焼いた経験は、教師なら誰しもあるだろう。

兵庫県氷上(ひかみ)郡(現丹波市)の生まれで「国語の神様」と呼ばれた芦田(あしだ)恵之助(えのすけ)(一八七三〜一九五一年、日本を代表する国語教育家の一人)も、初任期には児童を静かにさせるのに苦労した。あるときは児童をにらみつけ、あるときはやさしく接した。ときには賞を与え、ときには罰を与えた。するとしばらくは静かになるが、半日も続かない。まさに「難事中の難事」であったと述懐している(「綴り方教授に関する教師の修養」)。

経験を積むにつれ、芦田が心掛けたのは「汝自ら静かなれ」ということである。児童に「静かなれ」という前に、教師自身が静かでいる。静かなること山のごとし。超然として動かない山のように、児童が落ち着くまで、根気強くそれを待った。

芦田のすごいところは、誰もが経験するこの難事を、学校という制度が抱える構造的な問題として理解した点である。

江戸時代であれば、寺子屋であれ私塾であれ、師の盛名を慕って、その門に弟子が集まった。ところが明治以降の学校では、師弟関係の第一歩がまったく異なる。昨日までの他人が「一葉の辞令」によって突然、保護者に次ぐ地位を占める。いわば偶然の関係である。それゆえ児童自身が内から私語を慎むようになるには、教師への尊信の念が必要であり、そのためには教師は一段と修養を積まねばならない。これが芦田の、難事克服のための結論である。

［二〇二二年九月号］

花の年には花の授業を

「国語の神様」と呼ばれた芦田恵之助は、国語に限定されない授業の名言をいくつも残している。標題の言葉もその一つである。

「花の年」とは教師の初任段階を指す。教科の内容に関する深い知識もなく、子どもの発言に臨機応変に対応することもできない。加えて授業の前提となる〝子ども理解〟も十分とはいえない新任教師たち。しかし、ないないづくしの彼らだからこそもつことができる体当たりの情熱や一所懸命さは、しばしば子どもたちに大きな感化を与える。先輩の先生方に授業の悩みを率直に相談したり、先入観にとらわれずにさまざまなチャレンジができたりするのも、彼らの特権である。

新任教師がわが子の学級担任や授業担当となった保護者の方々には、「花」にめぐりあった偶然を喜び、彼らの成長を温かく見守ってほしいと切に思う。

実はこの言葉には、「松の年には松の授業を」という言葉が続く。「花の年には花の授業を、松の年には松の授業を」というわけである。もちろん松とはベテラン教師のこと。何十年もの経験を経て円熟味を増したベテラン教師の授業は、新任教師が容易にまねできるものではない。

花は花らしく、松は松らしく。それぞれが持ち味を出し切って、活気のある学校を作っていってもらいたい。

［二〇一三年五月号］

参考文献

阿久悠「少年時代」『兵庫教育』第四四巻第二号、一九九二年
芦田恵之助「綴り方教授に関する教師の修養」『芦田恵之助国語教育全集第3巻』明治図書出版、一九八七年
池内紀『ひとり旅は楽し』中央公論新社、二〇〇四年
井上豊久＋勝山吉章編著『教育っていったい何だろう』福村出版、一九九五年
ヴェスティン、P（畑中麻紀＋森下圭子訳）『トーベ・ヤンソン――人生、芸術、言葉』フィルムアート社、二〇二一年
ウォルトン、A（森秀人訳）『完訳 釣魚大全』角川書店、一九七四年
大村はま『新編 教えるということ』筑摩書房、一九九六年
小笠原道雄『フレーベルとその時代』玉川大学出版部、一九九四年

片岡徳雄編著『授業の名言』黎明書房、一九九二年
串田孫一『智の鳥の囀り（串田孫一集2）』筑摩書房、一九九八年
クラフキー、W（森川直訳）『ペスタロッチーのシュタンツだより
——クラフキーの解釈付き（改訂版）』東信堂、二〇〇四年
黒柳徹子『窓ぎわのトットちゃん』講談社、一九八一年
佐藤秀夫『学校ことはじめ事典』小学館、一九八七年
ザルツマン、C・G（村井実訳）『かにの本——子どもを悪くする手
びき』あすなろ書房、一九七一年
シュピリ、J（関泰祐＋阿部賀隆訳）『アルプスの少女ハイジ』角川
書店、二〇〇六年
須田珠生『校歌の誕生』人文書院、二〇二〇年
東井義雄『村を育てる学力』明治図書出版、一九五七年
野村芳兵衛『新教育に於ける学級経営（野村芳兵衛著作集2）』黎明
書房、一九七三年
ハッポネン、S（高橋絵里香訳）『ムーミンキャラクター図鑑』講談
社、二〇一四年
深田久弥『日本百名山』新潮社、一九七八年
船寄俊雄＋近現代日本教員史研究会編著『近現代日本教員史研究』

風間書房、二〇二一年
フランク、A（深町眞理子訳）『アンネの日記（増補新訂版）』文藝春秋、二〇〇三年
ブレスラー、S（鈴木俊訳）『ハインリッヒ・フォーゲラー伝』土曜美術社出版販売、二〇〇七年
別惣淳二＋渡邊隆信編著『教員養成スタンダードに基づく教員の質保証――学生の自己成長を促す全学的学習支援体制の構築』ジアース教育新社、二〇一二年
ボルノウ、O・F（森昭＋岡田渥美訳）『教育を支えるもの――教育関係の人間学的考察』黎明書房、一九六九年
本田和子『異文化としての子ども』筑摩書房、一九九二年
森山憲一「日本百名山の歴史」『岳人』第八三八号、二〇一七年
矢野智司『贈与と交換の教育学――漱石、賢治と純粋贈与のレッスン』東京大学出版会、二〇〇八年
鷲田清一『「待つ」ということ』角川書店、二〇〇六年
渡邊隆信『ドイツ自由学校共同体の研究――オーデンヴァルト校の日常生活史』風間書房、二〇一六年
『Ｐｅｎ』第三七六号、二〇一五年

あとがき

本書は、二〇一二（平成二十四）年七月から二〇二三（令和五）年三月まで、雑誌『兵庫教育』に掲載された全六十五本のコラム原稿をまとめたものである。出版に際して若干の加筆修正をほどこしたが、登場する人物や学校などの情報は執筆当時のままである。

『兵庫教育』という雑誌は古く、もともと一八八七（明治二十）年に兵庫県教育会によって創刊された。戦後、一九四九（昭和二十四）年にその雑誌名を引き継ぐかたちで兵庫県教育委員会から発行されることとなった。現在も月刊で出版されており、内容と体裁を充実させながら広く県内外の教育関係者に読まれている。

毎号、雑誌の最終ページにコラム欄がある。奇数月（大学教員担当）は「学校の窓」、偶数月（新聞社論説委員等担当）は「教育の接点」という題が付けられている。二〇一二年にひょんなめぐりあわせで「学校の窓」の執筆依頼が届いた。当初は二年間の予定だったが、一年のび、また一年のびしているうちに、結局ほぼ十一年書かせてもらうことになった。

最初の頃は何を書くか手探りだった。私の専門は、教育学のなかでも教育哲学と教育史という基礎学。この四年間は大学附属幼稚園・小学校の校園長を兼任しているが、それ以前は学校現場に足を運ぶ機会も限られていた。そんな私に、教師の方々の心に響く文章が書けるのか、不安は小さくなかった。そこで何を書くかを考えたときに行きついたのが、まえがきでも述べたとおり、教師の資質能力向上のための技術的な話ではなく、教師という存在の生き方・あり方を幅広く見つめなおすような話である。ただし、コラム一本の分量はわずか六百字程度。そのなかで一つの物語を完結させないといけない。まさに短文修業の十一年だった。

文章を書くにあたり心がけていたことが三つある。第一は、自分の立っている場所から考え、なおかつ一般的で普遍的なテーマにつなげることである。雑誌の性格上、兵庫県を意識して題材を選んだものも多いが、書いている内容の本質は基本的に日本中どこでも当てはまるものがほとんどだ。第二は、文章を書き始めるまでに時間をかけることである。仕事の都合で慌てて書かざるをえなかった原稿もあるが、基本的には魅力的な題材を見つけても、すぐには書かないようにした。短くても数週間、長いものだと数年間寝かしたものもある。そして第三は、自分の考えをすべて書き切るのではなく、文章に余白を残しておくことである。論文ではやらないことだが、一番伝えたいことはあえて書かず、読者の想像にゆだねたものも多い。

本書が成るにあたり、お世話になった皆さまに御礼を申し上げたい。原稿執筆前の段階では、多くの学校や施設を訪問して、資料を閲覧したり話を聞かせてもらった。書き上げた原稿は『兵庫教育』の歴代編集担当の方々に確認していただき、そのつど、的確なコメントをもらった。また、連載中は読者の方々からしばしば感想をいただいた。「涙が出そうになった」という言葉を何度かもらったことは、何よりの励みになった。

新鋭の出版社「共和国」の下平尾直さんには本書の刊行をお引き受けいただき、心より感謝申し上げたい。編集を担当してくれた山本久美子さんは、私が二十五年ほど前に大学で教鞭をとり始めたときの、最初のゼミ生の一人である。出版界に飛び込み、編集のプロになるとは思いもよらなかったが、今回こうして一緒に本を制作できたことは感慨深く、言葉にならない喜びを感じている。

最後になるが、いつもながら原稿作成時から第一の読者として助言をくれた同学の妻と、中高生の頃から原稿をのぞいては辛口の感想をくれた二人の息子に感謝したい。

二〇二三年八月

港の汽笛に耳澄ます六甲の研究室にて

渡邊隆信

渡邊隆信
Takanobu WATANABE

一九六七年、兵庫県に生まれる。
広島大学大学院教育学研究科博士後期課程単位取得退学。博士（教育学）。
現在は、神戸大学大学院人間発達環境学研究科教授。
二〇二〇年より、神戸大学附属幼稚園・小学校校園長を兼任。
専門は、教育哲学、教育史、教師教育。
著書に、『ドイツ自由学校共同体の研究』（風間書房、二〇一六）、
共著に、『教員養成と研修の高度化』（共編著、ジアース教育新社、二〇一四）、
『教員養成スタンダードに基づく教員の質保証』（共編著、同、二〇一二）、
『日本とドイツの教師教育改革』（共著、東信堂、二〇一〇）などがある。

森のような教師 日本とドイツの学窓から

二〇二三年八月二〇日初版第一刷印刷
二〇二三年八月三〇日初版第一刷発行

著者 渡邊隆信（わたなべたかのぶ）
発行者 下平尾直
発行所 株式会社 共和国
東京都東久留米市本町三－九－一－五〇三 郵便番号二〇三－〇〇五三
電話・ファクシミリ 〇四二－四二〇－九九九七 郵便振替〇〇一二〇－八－三六〇一九六
http://www.ed-republica.com

印刷 モリモト印刷
ブックデザイン 宗利淳一
編集 山本久美子

本書の内容およびデザイン等へのご意見やご感想は、以下のメールアドレスまでお願いいたします。naovalis@gmail.com

ISBN978-4-907986-74-2 C0095